LES PLUS BELLES

FANFARES DE CHASSE

TRANSCRITES ET REVUES

PAR

M. BOURSIER DE LA ROCHE

PRÉCÉDÉES D'UNE

INTRODUCTION HISTORIQUE ET BIBLIOGRAPHIQUE

PAR LE

C^{DT} G. DE MAROLLES

PARIS

ÉMILE NOURRY, ÉDITEUR

LIBRAIRIE CYNÉGÉTIQUE

62, RUE DES ÉCOLES, 62

M DCCCC XXX

$$*$$

SUPPLÉMENT

AUX

MAITRES DE LA VÉNERIE

———

LES PLUS BELLES

FANFARES DE CHASSE

1867

11° S
3777
(10)

2 5 AVRIL 1930
DEPOT LEGAL
B.N. VOLUMES
Editeurs
A 04179

FANFARE DE CHASSE

LES PLUS BELLES

FANFARES DE CHASSE

TRANSCRITES ET REVUES

PAR

M. BOURSIER DE LA ROCHE

PRÉCÉDÉES D'UNE

ÉTUDE SUR LES CORNURES

PAR

JEAN DES AIRELLES

ET D'UNE

INTRODUCTION HISTORIQUE ET BIBLIOGRAPHIQUE

PAR LE

Cᴰᵀ G. DE MAROLLES

PARIS

LIBRAIRIE CYNÉGÉTIQUE

ÉMILE NOURRY, ÉDITEUR

62, RUE DES ÉCOLES, 62

M DCCCC XXX

BIBLIOTHÈQUE NATIONALE — IMPRIMÉS

DES CORNURES

PAR

JEAN DES AIRELLES

DES CORNURES

PAR

JEAN DES AIRELLES

Avant de se servir d'un instrument pour exciter les chiens ou pour appeler ses compagnons de chasse, l'homme se contentait nécessairement de sa voix : cris, appels, huées plus ou moins scandés, plus ou moins modulés ont constitué la première musique de chasse.

Selon l'auteur du *Roy Modus* nous pouvons affirmer que le huer était de son temps utilisé concurremment avec le corner. Il enseignait à l'apprenti veneur trois manières de huer avec deux sons : long et court. Ce sont l'appel de chiens, la huée de chasse et l'appel des compagnons. Il nous en fournit même les notations suivantes :

1º Pour l'*appel des chiens :* un mot bien long.

2º Pour la *huée de chasse :* trois longs mots se suivant de près.

3º Pour l'*appel des compagnons :* deux fois deux mots courts et un bien long.

Phœbus baptise et décrit de la même façon ces trois appels. S'il en connaît d'autres, en fait il n'en parle pas.

Hardouin de Fontaines-Guérin, dont nous parlerons plus longuement tout à l'heure, enseigne aux veneurs de l'Anjou comment parler aux chiens.

Or avant ci va le trouver.

Et dix autres expressions consacrées. Il note même, en l'accompagnant d'une image, la phrase qu'il faut « huer » lorsque l'on donne les boyaux aux chiens au moment de la curée :

Ha ha ha (ha) thialau, thialau.

Du Fouilloux fait mieux; afin de bien marquer qu'il s'agit d'une sorte de chant, il nous donne ces huées avec accompagnement de musique (voir p. 101-110 de l'édition des *Maîtres de la Vénerie*). Les paroles de ces appels de chasse font songer à celles dont nos soldats accompagnent parfois les sonneries militaires. Ainsi, quand les chiens chasseront, on huera :

Il va là chiens, il va là, ha! il va là, ha! Il va là, ha ha ha ha!

Après quelques ruses du cerf on pourra forhuer sur ces paroles :

Vauleci horvari le cerf, Vauleci horvari, Vauleci horvari la voie!

Le classique *tayaut* se module encore aujourd'hui de bien des façons, et l'on continuera d'utiliser la voix humaine pour huer et crier tant que l'homme chassera et parlera aux chiens.

Sans pouvoir préciser l'époque à laquelle l'homme commença de suppléer la voix au moyen d'un instrument, on peut admettre que l'emploi du cor ou cornet doit remonter à des temps très reculés. Les premiers cors n'étaient autre chose que des cornes d'animaux; ce fut plus tard des cornets de même forme, mais en métal. L'olifant de Roland ne devait pas lui servir qu'à appeler des armées à son secours, et il est permis de penser que Charlemagne, qui aimait passionnément la chasse, devait se servir d'un cor d'ivoire durant la poursuite des fauves.

L'auteur du *Roy Modus* et Gaston Phœbus sont les premiers

qui parlent des sonneries de chasse ou cornures. Modus répond à l'apprenti chasseur qui l'interroge : « Il y a cinq manières de corner. La première de corner, c'est de *corner pour chiens*, quand on trouve le cerf. La deuxième de corner, c'est de *corner de chasse* quand les chiens chassent..... »

Puis l'auteur du *Roy Modus* nous explique comment produire ces diverses cornures avec deux sons plus ou moins prolongés, le long pouvant être bien long à courte ou à longue haleine, et le court pouvant être bien court. On peut le résumer ainsi :

Fig. 2. — L'OLIFANT DE ROLAND.

1° *Corner pour chiens* : un long mot, et si les chiens sont très éloignés un long mot, puis un court.

2° *Corner de chasse* : un long mot bien long, puis un bien court, et doubler trois mots bien courts.

3° *Corner de quête* : un long mot, puis un court et puis un long mot.

4° *Corner de retraite* : un long mot, puis trois courts, puis un long, puis quatre bien courts.

5° *Corner de prise* : un bien long mot, puis jusqu'à dix mots les plus courts possible, puis deux bien longs mots pour finir.

En son chapitre XVI, *Phœbus* nous fait connaître les sept cornures de Foix et de Béarn.

1° *Cornure d'assemblée* ou appel de compagnons : il faut huer deux longs mots ou corner en grêlant deux longs mots.

2° *Cornure de laisser courre* : corner trois longs mots.

3° *Cornure de chasse* : corner un long mot, puis aussi grêles que possible, autant de courts mots qu'on voudra.

4° *Cornure de forpassé* lorsque la bête change de pays : corner deux longs mots puis, aussi grêles que possible, autant de mots courts qu'on voudra.

5º *Cornure de requeste* : corner un long mot, puis quatre mots courts suivis d'un autre long mot, suivi lui-même de quatre mots courts.

6º *Cornure de prise* : corner premièrement un long mot, puis autant de mots courts qu'on voudra, mais bien détachés, enfin deux longs mots l'un après l'autre.

7º *Cornure de retraite* : premièrement corner un long mot, puis deux longs mots consécutifs et enfin trois longs mots consécutifs.

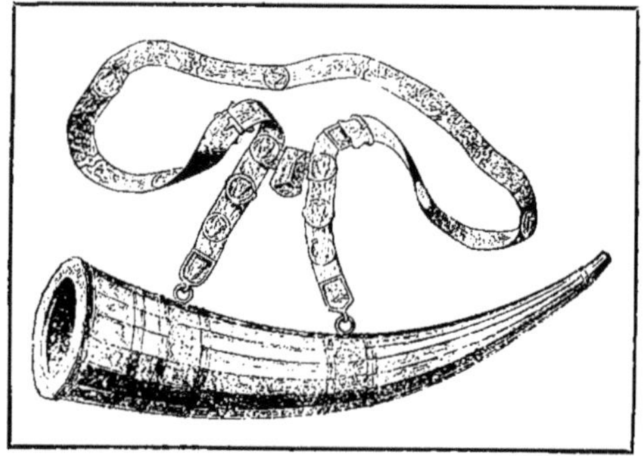

FIG. 3. — CORNET DE CHASSE EN IVOIRE (XIVᵉ SIÈCLE).

Nous avons ici sept cornures au lieu de cinq, mais qui ne sont pas fort différentes entre elles, sauf la cornure de prise.

Cependant il faut avouer qu'il s'agit là, malgré un sensible progrès, d'un art bien sommaire. Il tient en un bref chapitre.

Dans son *Trésor de Vénerie*, composé en 1394, l'Angevin Hardouin de Fontaines-Guérin nous a donné un véritable traité sur le sujet qui nous intéresse. Bien mieux, c'est par le *Livre de corner* qu'il commence son curieux poème.

Nous avons eu d'abord l'idée d'en donner une reproduction intégrale; mais le vieux langage de l'auteur n'est pas toujours facile à comprendre, et nous avons pensé que l'hon-

nête lecteur de nos jours préférerait une présentation plus
aisée.

Hardouin appartenait à une des plus anciennes familles de
l'Anjou; dès le XIIe siècle, on la voit se signalant dans l'histoire de cette province, tantôt par des fondations pieuses ou
des pèlerinages, tantôt par ces actes de violence si communs
dans les premières périodes du moyen âge. A cette époque
elle est déjà en possession de la terre de Fontaines, qui prit
de ses seigneurs le nom de Fontaines-Guérin. Ceux-ci s'appe-
laient presque toujours Garin ou Guérin.

« Le père de Hardouin, sur lequel nous possédons peu de
renseignements, paraît avoir été grand chasseur; il avait sol-
licité et obtenu de Louis Ier, duc d'Anjou, le droit de chasser
la grosse bête dans les bois qu'il tenait en fief de ce prince,
et de la poursuivre entre les rivières de Loire et du Loir,
moyennant une redevance annuelle d'un éperon d'or. Son fils,
demeuré orphelin de bonne heure, servait, en 1380, comme
bachelier dans la compagnie de Pierre de Bueil, qui devint
plus tard son beau-père et qui peut-être lui servit de tuteur
pendant une minorité assez longue, durant laquelle furent
perdues ou égarées les lettres d'octroi que son père avait
obtenues; mais il avait hérité des goûts de celui-ci, et à sa
majorité il s'empressa de solliciter de nouvelles lettres qui
lui furent accordées, à la date du 6 septembre 1392, par
Marie de Bretagne, veuve de Louis d'Anjou, alors régente
pendant la minorité de ses fils. Malheureusement il ne profita
pas longtemps de ce privilège, puisque deux ans plus tard
nous le trouvons captif au château de Mérargues, où il com-
posa son *Trésor de Vénerie*, mettant ainsi à profit, pour se
désennuyer dans les longues soirées d'hiver, l'expérience
qu'il avait acquise. Forcé, en raison de son rang et des fiefs
nombreux et importants qu'il possédait, de prendre part à la
lutte que soutenaient en Provence les ducs d'Anjou, ses suze-
rains, contre les vicomtes de Turenne révoltés, il dut accom-
pagner l'expédition dirigée contre eux. Sa captivité, il est

vrai, ne fut pas de longue durée, car l'année suivante (1393), nous le trouvons faisant aveu en Anjou pour ses terres de Fontaines-Guérin et de l'Isle-sur-le-Loir, et l'hébergement de la Roiche, près Waas, aveu qu'il renouvela encore en 1395. Il est probable qu'il ne recouvra sa liberté que par échange et en payant une rançon, le château de Mérargues, où il était captif, n'ayant été pris par le sénéchal de Marle qu'en 1395. Il avait épousé depuis son retour Marie, fille de ce Pierre de Bueil, sous qui il avait servi, et d'Anglesie de Levis, morte en 1390. Marie de Bueil lui apporta une fortune considérable, et, en l'année même 1395, il partageait, à la date du 25 août, avec messire Jean de Bueil, les acquêts provenant du mariage de feu messire Pierre d'Avoir, sire de Château-Fromont, avec feue dame Jeanne de Jaunay, qui ne pouvaient lui échoir que du chef de sa femme, nièce de ce seigneur. Il eut, pour sa part, les terres, domaines et hébergements de Ramefort, la Roche-Belmart et le Plessis-au-Manceau.

« Il ne jouit que peu de temps de cette fortune, car, selon le Père Anselme, il mourut en 1399[1]. »

Le *Trésor de Vénerie* se ressent d'avoir été composé en prison ; la muse ne se plaît pas sous les verrous. Mais il constitue un document incomparable pour l'histoire de la musique de chasse. Il entérine avec un soin dont nous ne pouvons que nous réjouir les quinze cornures usitées au xive siècle dans le Maine et dans l'Anjou. Ce sont : 1° cornure de chemin ; 2° d'assemblée ; 3° de quête ; 4° de chasse ; 5° de chasse de vue ; 6° de mescroy ; 7° de requête ; 8° de l'eau ; 9° de relais ; 10° d'aide ; 11° de prise ; 12° de retraite ; 13° d'appel de chiens ; 14° d'appel de gens ; 15° de curée.

Les veneurs de nos jours connaissent tous ces termes, sauf peut-être celui de *mescroy* pour désigner le change, ce qui prouve combien les cornures consignées par Hardouin répondaient aux besoins essentiels de la chasse.

1. *Trésor de Vénerie*, éd. Michelant, 1856, p. xi-xii.

Avant d'entrer dans le vif de son sujet, Hardouin se présente
personnellement au lecteur et lui annonce qu'il va lui ensei-
gner ce que lui-même apprit d'un grand maître nommé Guillaume Du Pont.

Ce Guillaume, dont il parle avec tant de reconnaissance et
qui fut son maître en l'art de sonner, était louvetier des forêts
d'Anjou dès avant le 4 juin 1387, date à laquelle il fut con-
firmé dans son office. Il fut attaché comme veneur, d'abord à
Louis Ier, roi de Naples et de Sicile et duc d'Anjou, puis à son
épouse, Marie de Bretagne, reine de Sicile, duchesse d'Anjou.

C'est à Louis II, roi de Sicile, que Hardouin fera hom-
mage de son livre, ce que l'on voit sur la présente figure :

Fig. 4. — L'auteur offre son livre au roi.

On ne saurait d'ailleurs en exagérer l'intérêt. L'auteur, un
genou plié, présente d'une main le livre et de l'autre une banderole portant les mots qui servent à corner, comme s'il
voulait souligner ainsi le grand attrait de son ouvrage. Dans
une seconde figure, le roi tenant d'une main le livre qu'il a reçu,

de l'autre la même banderole déployée contenant l'a. b. c.
des cornures, les six mots essentiels, semble vouloir les confier

FIG. 5. — LE ROI REMET LE LIVRE DE CORNER
AUX OFFICIERS DE SA VÉNERIE.

aux officiers de sa vénerie. Voici la valeur de ces six mots,
exprimée en notation musicale moderne :

FIGURE 6.

1° *Le sengle* ou *simple :* qui vient de *singulus*, est représenté
dans les figures du *Trésor de Vénerie* par une sorte de carré
noir et correspond vraisemblablement à une brève.

2° *Le demi-double de chemin :* dont le nom vient de son
emploi le plus ordinaire, par deux carrés blancs accolés et
correspond, pense-t-on, à deux longues.

3° *Le double de chemin :* quatre carrés blancs accolés, correspond à quatre longues dans la même notation.

4° Le mot *double de chasse :* un carré noir accolé de deux blancs, correspond à une brève et deux longues.

5° *Le long :* deux carrés noirs accolés équivalent à deux brèves.

6° *Le mot de chasse ou d'appel :* un carré noir accolé de deux blancs, suivis eux aussi de deux noirs, correspond à une brève, deux longues et deux brèves.

> Ces six mots aisés à apprendre
> Nous permettront de comprendre
> De corner toute la science.

Cette interprétation du baron Jérôme Pichon a été adoptée par M. Ch. Boursier de La Roche, que je dois vivement remercier pour avoir bien voulu transcrire en notation moderne les cornures du vieil Hardouin de Fontaines-Guérin.

Nous voici donc tout préparés à nous former une idée des cornures, et nous n'avons plus qu'à les parcourir doucement en faisant résonner à notre oreille ces antiques sonneries.

CORNURE DE CHEMIN

Qui veut chemin corner,
Trois mots tout sengles doit sonner
Et puis trois doubles et après
Trois mots plus longs, tout près après,
Que ne furent ces trois premiers.
Puis doit tantôt recommencier
A corner une autre haleinée,
Qui soit tout au revers cornée.

CORNURE D'ASSEMBLÉE

Trois mots longs cornés d'une haleine,
Et un autre long, par voix saine,
Cornerez d'une autre haleinée
Par cette figure ordonnée.

CORNURE DE QUÊTE

Apprends apprenti en cet endroit
De quête la droite science.

. . . .

D'un mot demi-double et puis quatre
Mots sengles, sans rien rabattre,
Doit, telle, être l'autre haleinée.

CORNURE DE CHASSE

De la chasse, pour pleinement
Voir des chiens l'esbatemment.
Un demi-double, trois mots sengles,
Et trois doubles de chasse sengles
D'un trait; puis cinq mots chacun double,
Dont cette histoire ôte le trouble.

CORNURE DE CHASSE DE VUE

Un demi-double cornerez,
Et sept sengles : après ferez
Quatre autres : trois doubles de chasse
De triple haleine. Sans espace
Cornerez quatre mots antieux semblables
Comme ici pouvez l'entre mieux.

CORNURE DE MESCROY (Change)

Si du corner mescroy voulez savoir :
Cornure de chasse une haleinée
Et de quête une autre menée
Encore pouvez pour mieux l'entendre
Exemple en cet (image) prendre.

CORNURE DE REQUÈTE

Selon l'usage et le demainne (la coutume)
Du pays d'Anjou et du Maine,
Dont aucuns vont cornant requête
Par quatre haleinées de quête,
Le seconde plus courte traite :
Ainsi comme elle est ici pourtraite.

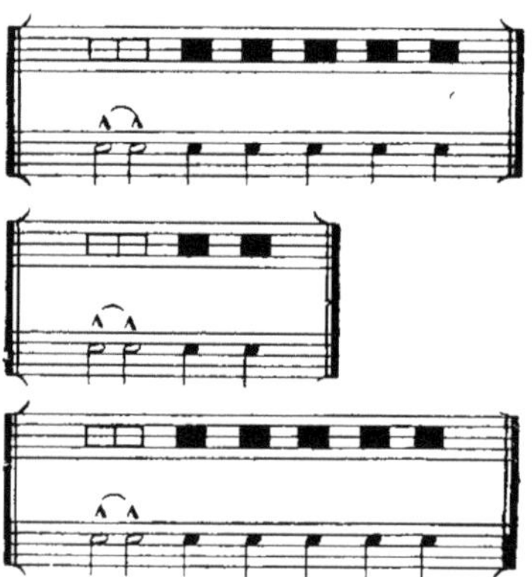

CORNURE DE L'EAU

Et s'il vous plait l'eau corner,
Un long mot, et puis après (quatre)
Doubles de chasse, sans en rabattre
Et tout autant d'une autre haleine
Dont ici voyez figure pleine.

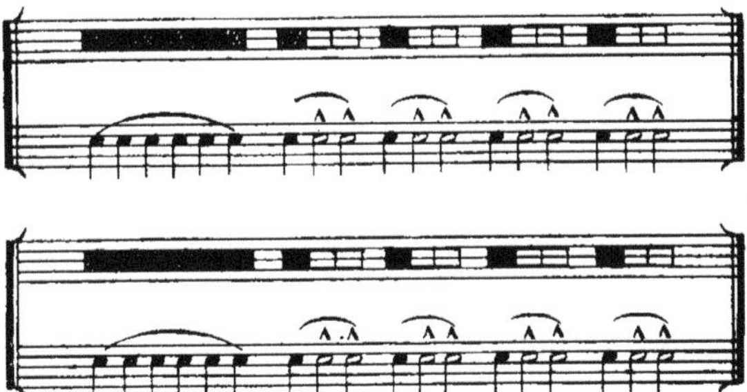

CORNURE DE RELAIS

Et si relais voulez corner :
Une haleinée faut sonner
De chasse et emmi, bien et bel,
Un mot de chasse et un d'appel
Tenant. Et la matière pure
Connaîtrez par cette figure.

CORNURE DE L'AIDE

Quatre doubles, un mot de chasse
Tenant à un mot d'appel, fasse
Le veneur par deux haleinées
Telles, comme ici sont ordonnées.

CORNURE DE PRISE

Et si vous voulez corner prise,
Par ce roman (livre) vous est apprise :
Un mot sengle prendrez premier,
Un demi-double, un double entier
De chemin, un double de chasse
Sera le quart mis en espace.

CORNURE DE RETRAITE

Un demi-double, six mots sengles,
Avec trois mots longs, sans sengles omission,
Cornerez. L'autre haleinée
Sera par six mots longs cornée :
Et pour mieux la forme comprendre
En pouvez l'exemple prendre.

CORNURE D'APPEL DE CHIENS

Sachez appel des chiens corner;
Deux mots sengles et trois longs plus
D'une haleinée et au surplus
Trois plus longs mots après sonnez
Ainsi qu'ici sont ordonnés.

CORNURE D'APPEL DE GENS

Ainsi se doit sans nul rappel,
Corner au bois, de gens l'appel :
Par deux mots sengles, d'une traite,
Et l'autre halcinée être faite
Soit d'un long mot et rien plus outre.

CORNURE POUR LA CURÉE

Hardouin ne donne pas de description de la cornure pour la curée, il se contente de dire :

> Cette figure ci-après.
> La manière vous en apprend
> Qui bien l'avise et garde y prend.

La transcription qui précède permet d'aviser facilement. Mais Hardouin ne veut pas quitter le lecteur sans lui « remontrer » qu'il a parfaitement accompli sa tâche.

> Du corner vous ai fait mémoire
> Ci-devant, et par mainte ystoire (figure)
> Vous ai montré les manières
> De corner, par les plus légères
> Voies, que j'ai su comprendre ;
> Car pour vous le faire mieux entendre,
> Vous ai de toutes les cornures
> Mises auparavant les figures.

Après quoi notre auteur termine par sa propre image en portraiture offrant d'une main son *Trésor* et de l'autre les six mots avec lesquels l'on peut corner toutes cornures.

Fig. 7. — L'auteur offrant son livre au lecteur.

On aurait tort de croire que ce traité magistral ait clos l'évolution des cornures. Il suffit de renvoyer ceux qui seraient tentés de le penser, au grand vieux maître Jacques Du Fouilloux, seigneur de Bouillé. Tout le chapitre XLII de la *Vénerie*[1] est consacré à l'art de corner : 1° appel de gens; 2° appel de chiens; 3° appel de vue; 4° appel de défaut; 5° appel de ruse; 6° cornure d'abois; 7° cornure de mort; 8° cornure de retraite; 9° cornure de curée; 10° cornure de rentrée au chenil.

Non seulement ces cornures diffèrent de celles de Hardouin et sont dans leur ensemble plus légères, mais elles nous sont présentées sur des portées musicales, ce qui rend leur lecture singulièrement plus facile.

Après Du Fouilloux les cornures ont-elles fait de nouveaux progrès? C'est fort possible; mais nous l'ignorons.

Le fait certain est que dans son *Harmonie universelle*, publiée en 1636-1637, le *Père Mersenne* ne trouve rien de mieux que de renvoyer aux airs de Du Fouilloux. Toutefois, pour ceux qui l'ignorent, il croit devoir donner les tons dont on use ordinairement à la chasse. Il écrit :

« La tablature des cors qui suit est divisée en dix parties, dont la première signifie qu'un chasseur doit appeler son compagnon par un son qui dure le temps de cette première

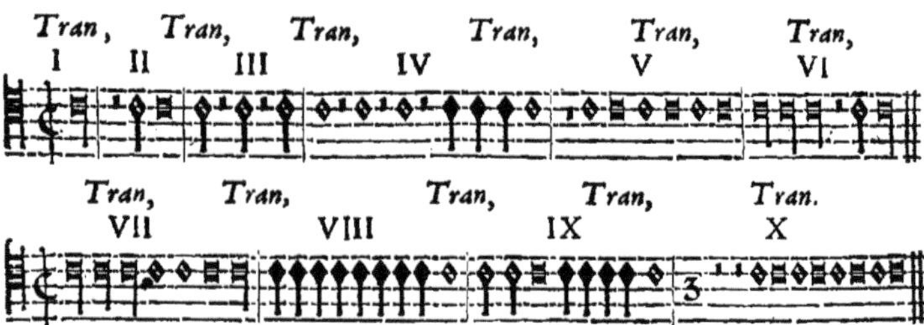

FIGURE 8.

<hr>

1. Édition des *Maîtres de la Vénerie*. Paris, E. Nourry, p. 101-110.

note, et puis l'autre répond par la même note ; mais le premier doit user de la seconde partie pour répondre à son tour, où il fait remarquer qu'ils expliquent ces sons par la syllabe *Tran*, comme le son de la bouche dont ils appellent l'un l'autre par la syllabe *Houp*.

« La troisième parole sert quand les chiens sont bien ameutés ; la quatrième pour forhuer et sonner quand ils voient le cerf ; la cinquième pour faire retourner les chiens à quelque ruse ou hourvari, et pour les rassembler ils doivent sonner deux fois la seconde partie, quand le cerf se forfait (échappe) ; la sixième quand il est parti ou quand il est aux abois ; la septième quand la chasse est finie ; la huitième pour appeler les chiens à la curée ; la neuvième comme aux abois on renverrait le cuir du cerf sur les chiens ; la dixième, enfin, quand on veut ramener les chiens[1]. »

A quelques nuances près on sonnait donc encore les cornures de Du Fouilloux au milieu du xviie siècle. Aussi bien étaient-ce encore les vieux cors de corne ou de métal qui servaient au chasseur, ainsi qu'en témoignent les figures des deux modèles alors en usage, d'après le Père Mersenne et le Père Kircher.

C'est l'apparition de la trompe ou plutôt l'idée de l'employer à la chasse qui va donner naissance aux fanfares. La souplesse et la richesse du nouvel instrument vont permettre aux Philidor et aux Dampierre de doter la France des sonneries qui devaient conquérir le monde.

Lorsque les fanfares parurent,
Les cornures
En moururent.

1. P. Mersenne : *l'Harmonie universelle*, II, 270.

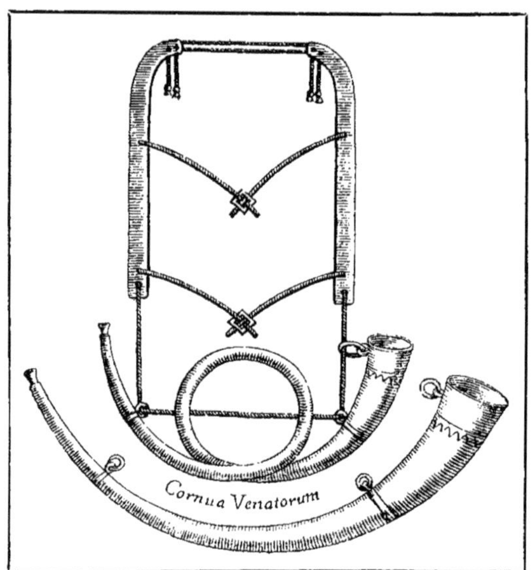

FIG. 9. — DEUX CORS EN USAGE VERS LE MILIEU DU XVIIe SIÈCLE.

(D'après le Père Mersenne.)

INTRODUCTION HISTORIQUE

PAR

LE C^{DT} G. DE MAROLLES

PRÉSIDENT DE LA FÉDÉRATION DES TROMPES DE FRANCE

NOTICE HISTORIQUE
SUR LA TROMPE DE CHASSE

PAR

LE C^{ᵗᵉ} G. DE MAROLLES

I

AVANT-PROPOS

Ceux qui n'aiment pas l'histoire des mots peuvent s'abstenir de lire ce premier paragraphe, destiné aux curieux d'étymologie et d'origines.

Les termes *trompe* et *trompette* dérivent du latin *trumba*, né lui-même d'un renforcement du mot *tuba*, qui désignait un tube métallique en airain terminé d'un côté par une embouchure et de l'autre par un évasement en cornet. Trompe et trompette étaient employés indifféremment en ancien français. La vieille expression juridique : « annoncer à son de trompe », fait allusion à une proclamation publique faite après un appel de trompette.

Au moyen âge on appelait *trompeors* les sonneurs de trompe

ou de trompette, qui furent baptisés par la suite *trompeurs* en France et *trompetters* en Belgique.

A l'exposition cynégétique de Saint-Hubert de juin 1927, on voyait des cors très anciens en corne de bovidés étiquetés « trompe », alors qu'à côté, des cors en cuivre aussi anciens étaient qualifiés « cors ». Cela était peu justifiable, mais il faut avouer que certains instruments semblent destinés à le faire comprendre, car ils réunissent toutes les causes de confusion, tel le cor polonais que Watteau a choisi, en 1724, pour représenter le cor ancien et faire pendant à la trompe à deux tours employée avant 1720 à la musique de chambre. Il a la forme générale de la corne droite d'un bœuf, légèrement prolongée par un petit tube cylindrique; il est en cuivre et il est à la fois appelé cor, corne, trompe, et c'est tout juste si on ne l'appelle pas trompette.

Le cor a servi au moyen âge à *corner guerre* comme *corner menée* à la chasse; dans le château on cornait *le jour*, *l'eau*, *l'assiette*, etc...

Les cors monotones variaient les sons avec des *mots courts* et des *mots longs*, et ceux qui avaient plusieurs notes sonnaient du *grêle* ou du *gros ton*. En 1730, le marquis de Dampierre disait indifféremment « cor » ou « trompe », et cela changea seulement avec d'Yauville qui n'employa plus que l'expression « trompe » pour désigner la trompe de Lebrun, modèle 1729, aujourd'hui « La Dampierre ».

La dernière gravure de Sylvestre, représentant une chasse royale où ne figurent que des cors, est de 1680. Toutes les œuvres postérieures laissèrent voir des trompes circulaires qui n'étaient nullement à confondre avec le cor que le Père Mersenne (*Harmonie universelle* (1636), chap. des Intruments à vent, p. 244 à 247) appelle « La Trompe ». Dans les belles gravures ornant la *Venaria Reale* de Castellamonte (1672) on peut voir plusieurs représentations très exactes de la trompe usitée dans la première partie du XVIIe siècle. Toutes ces figures ont été reproduites dans l'édition de Salnove qui fait partie de la collection *Les Maîtres de la Vénerie*.

II

LES TROMPES DE L'ÉPOQUE DE LOUIS XIV (1680-1722)

La trompe à un tour et demi comporte deux modèles, le modèle de 1680 et celui de 1689.

Le *premier* fut utilisé tout d'abord par la Vénerie de Louis XIV en 1680. C'est une trompe circulaire à un tour et demi de 0^{m}48 de diamètre, de 2^{m}27 de longueur déployée. Cette trompe est en *ut* majeur. Les tubes ont 12 millimètres de diamètre et le pavillon 14 centimètres et demi de diamètre, le tour est renforcé par une bordure en cuivre montrant une « guirlande » ou « dentelle » en creux, le tout est surmonté de petits ornements représentant un coquillage en plein, caractéristique de l'époque de Louis XIV.

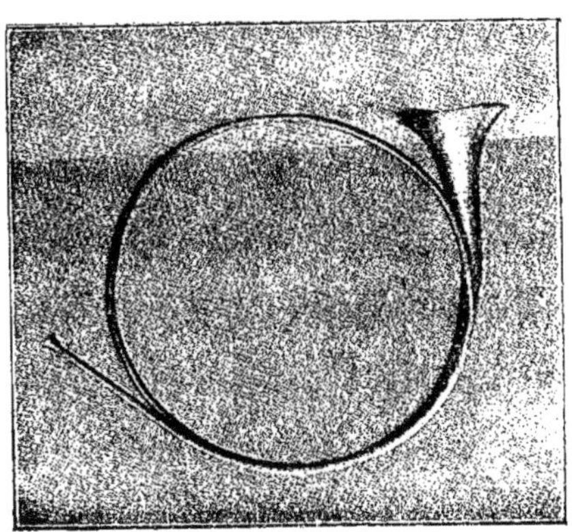

FIGURE 11.

L'extrémité du premier tube se termine dans un manchon, dans lequel s'encastre une branche d'embouchure mobile à laquelle l'embouchure était alors soudée. A cette époque on ne connaissait pas encore bien le repoussage au tour, ni le planage, que Raoulx allait bientôt inventer. Cette trompe est martelée à la main, tous les coups de marteau se voient.

Mlle Frilloux, de Paris, possède un exemplaire de cet instrument dans sa collection. Il convient de rappeler que le même instrument a été représenté en 1688 par J.-B. Martin sur les tableaux portant au catalogue du Musée de Versailles les numéros 748 et 750 et représentant des vues du château.

Tous les ouvrages spéciaux français, allemands et autrichiens sont d'accord sur la date de 1680, car l'apparition de cette trompe fit sensation dans les annales de la chaudronnerie et celles de la musique. Cette même année le comte von Sporken, de Lissa, duché de Posen, ramena plusieurs trompes de ce genre de Paris en Allemagne, où l'instrument fut perfectionné pour les musiques de chambre, de chasse et d'église.

Entre 1680 et 1683, Van der Meulen peignit un tableau représentant Louis XIV chassant avec les dames en forêt de Fontainebleau. Ce tableau a été perdu, mais Bonnard le reproduisit heureusement vers 1684, et c'est ainsi que cette gravure se vend à la chalcographie du Louvre. Le piqueur de Louis XIV précédant le Petit Bontemps passe au galop, à la queue des chiens, en sonnant. C'est le premier document artistique révélant cet instrument.

Ce même modèle se retrouve dans les sculptures du Salon de Diane en 1682 (appartement de Louis XIV), dans l'Amour sonnant au plafond de l'Œil-de-Bœuf, dans les sculptures représentant la musique de chasse, dans un dessus de pilier de la Colonnade, 1687 (parc de Versailles), dans les sculptures sur pierre de Raon, de Granier et de Le Hongre (château de Versailles).

L'enguichure supportant cette trompe se plaçait sur l'épaule gauche, de sorte que la trompe était portée *au côté sous le*

bras droit. Aucun exemplaire de cet instrument ne semble
exister dans les Musées des Conservatoires de Paris, Londres,
Genève, Turin, etc... Au Musée du Conservatoire de Paris on
l'attribue à Chrétien, chaudronnier, qui fut fournisseur du roi
jusqu'en 1695.

Le *second* modèle de trompe est de 1689; il existe au Musée
von Heyer à Cologne. Il présente les modifications suivantes :
le manchon a été supprimé; la branche d'embouchure est
soudée au premier tube et est maintenue par un tenon, de même
que le pavillon; l'embouchure n'est plus soudée à la branche
d'embouchure, elle est mobile; le pavillon a 0^m22 de diamètre.

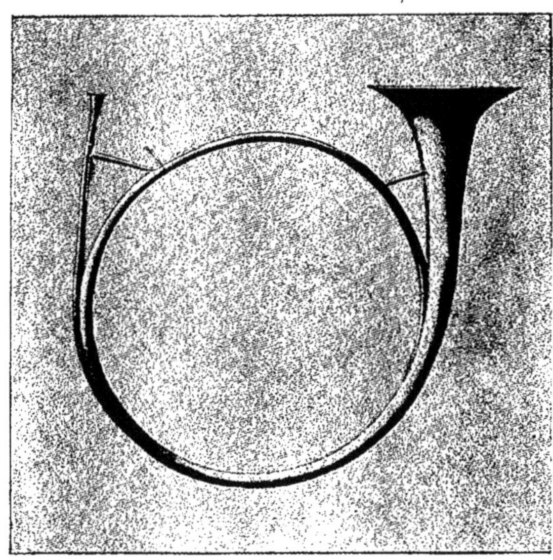

Figure 12.

Plusieurs documents d'art établissent l'emploi simultané
du cor et de la trompe jusqu'aux approches de l'année 1700.
C'est d'abord une gravure de Nicolas de Larmessin (1640-

1725) appartenant au comte G. de Leusse, puis un tableau de Van der Meulen appartenant à M. Feral représentant le Lancé à la pièce d'eau des Suisses. La trompe y est encore portée sous le bras.

La plus ancienne trompe à deux tours a paru en 1710 au service d'Auguste le Fort, roi de Pologne. Ensuite il s'en fit pour la musique de chambre et Watteau l'a reproduite dans sa belle estampe sur le sens de l'ouïe; on peut l'admirer en tête de cet ouvrage (frontispice).

III

LES TROMPES DE L'ÉPOQUE LOUIS XV (1722-1818)

Le *premier modèle* du marquis de Dampierre fait son apparition officielle en août 1723. Il n'en existe aucun modèle

FIGURE 13.

dans les Musées de France et le seul connu se trouve au Musée du Conservatoire de Bruxelles. Il a 4^{m}05 de longueur déployée et 0^{m}72 de diamètre environ. Cette *trompe en ré* est fort douce à sonner, mais très embarrassante à tenir, vu son énorme diamètre, qui a rapidement provoqué son remplacement. Ce modèle est celui qui est reproduit par Oudry dans son magnifique tableau de Toulouse; il figure également sur ses tapisseries.

Allegrain l'a représenté dans ses vues du château de Saint-Germain, n°s 763 et 765; c'est encore le même qui est sculpté par Verbrecht en 1753. Le marquis de Dampierre ayant légué à sa mort son portrait à l'huile en tenue de chasse du roi au comte d'Eu, ce tableau fut gravé dans la suite par Breton et Henriquez, qui ont placé de chic une trompe de très grand diamètre et à un tour sur son épaule dans une position impossible. Ils ont toutefois nettement représenté les manchons servant de viroles que l'on revoit exactement sur la trompe du Musée du Conservatoire de Bruxelles.

Le *second modèle* est celui de 1729 et il a subi de grandes modifications; la longueur déployée est de 4^{m}545 et elle est enroulée à deux tours et demi. Un exemplaire a été trouvé au Mont-de-Piété de Dijon et il est maintenant en la possession de Mlle Frilloux; le diamètre est d'environ 0^{m}60. Lebrun, fournisseur du roi, a lancé cette trompe en 1729 au moment de la naissance du Dauphin et l'a baptisée pour cette raison *La Dauphine*. Ce modèle a été utilisé jusqu'en 1814, mais il a reçu en 1831 la dénomination de trompe « Dampierre » ou « à la Dampierre ».

La même longueur de tube fut roulée à trois tours et demi vers 1818 et reçut le nom de *trompe d'Orléans*, à la suite d'une commande de quarante trompes faite par le fils de Louis-Philippe. Ce modèle fut exécuté par Raoulx et son successeur; le directeur de la maison Schoenaers continue de le reproduire encore aujourd'hui. Notons cependant que son pavillon a été perfectionné par un ouvrier nommé Périnet, qui a découvert par des essais successifs quel était le modèle le plus favorable à l'émission du son (1855).

On ne saurait finir cet historique sans dire un mot de l'embouchure. D'abord fixée à la branche d'embouchure, elle devint mobile en 1689, et il faut arriver à 1830 pour en trouver dans le commerce trois tailles différentes. Elles étaient toutes très profondes. Les embouchures actuelles le sont moins, et il existe une gamme allant par demis, du double zéro à deux. Lorsque la partie rétrécie du fond de l'embouchure est large, elle facilite les notes basses et demande davantage de souffle; quand elle est étroite, elle favorise les notes élevées au détriment de la force du son. Le grain n° 6 est le plus généralement préféré par les virtuoses. C'est dans le fond de l'embouchure que les notes prennent naissance.

Les dimensions actuelles ont été réglées par l'habile professeur Cléret, mort peu d'années avant la guerre : c'est lui et non point Périnet qui a réglé la profondeur du bassin à 0^m032.

IV

NOTICE SUR LE MARQUIS DE DAMPIERRE (1676-1756)

La famille du marquis Marc-Antoine de Dampierre remontait aux Croisades. Elle avait fait ses preuves de noblesse, notamment en 1537 et en 1707. Son nom est pris de la terre et du château de Dampierre, près d'Arques.

Notre marquis était le fils aîné du second lit d'Antoine de Dampierre, seigneur de Villeneuve, sieur de Sainte-Agathe, et de Marie-Thérèse de Vandosme d'Abrecourt; il naquit à Pisseleu, à quatre kilomètres au nord de Saint-Omer en Chaussée, le 24 décembre 1676, et reçut au baptême les prénoms de Marc-Antoine[1].

En 1692, il entra comme page de Mademoiselle, sœur de Louis XIV; Mademoiselle étant morte en 1693, au cours de la même année il entra comme page chez le duc du Maine qui fut son grand bienfaiteur. Le 24 octobre 1693, son père se remaria en troisièmes noces avec Anne de Bosquillon et émigra en Prusse avec elle en 1698, laissant à Marc-Antoine le titre de marquis, qu'il détenait depuis la mort du mestre de camp, son cousin.

Le 20 février 1705, Marc-Antoine épousa à Versailles Justine Colomès, dont il eut quatre enfants qui moururent avant lui (voir Reg. paroissiaux de Versailles). Il habitait alors le château de Clagny, près Versailles.

En 1709 le duc du Maine, qui lui avait donné le commandement de sa vénerie vers 1700, lui fit donner le commandement de l'équipage du grand prieur de Vendôme.

---

1. Dans les *Mémoires du duc de Luynes*, t. XV, p. 127, juin 1756, le marquis de Dampierre est dit s'appeler Peteneul, par suite d'une erreur de lecture. Peteneul doit se lire en réalité Antoine, ce que l'on peut vérifier dans les papiers de la famille de Dampierre conservés aux mairies d'Eu, d'Abbeville, de Versailles, *Mémoires Luynes*, act. notoriété (p. 5, *Éleveur*, 30 octobre 1921). États France 1725-1727.

En 1717, il était écuyer et gentilhomme du duc du Maine et habitait souvent Paris, rue Saint-Nicaise, près Saint-Germain-l'Auxerrois.

En 1722, le duc de Gesvres le fit nommer gentilhomme des Menus-Plaisirs du roi. Marc-Antoine eut alors une chambre dans chacun des châteaux de Fontainebleau, de Rambouillet, de Compiègne et de Saint-Germain.

En 1729, Marc-Antoine fut nommé au commandement de l'Équipage du lièvre du roi en remplacement de M. Verderonne.

En 1738, il fut nommé au commandement de l'Équipage vert ou du Daim destiné aux plaisirs de Mesdames de France, Adélaïde, Victoire et Sophie, filles de Louis XV. Ce nom d'Équipage vert était dû à la couleur de l'uniforme des hommes de vénerie (Luynes, t. II, p. 31 ; févr. 1751).

Le 17 juin 1756 il mourut, laissant par testament son portrait en tenue de chasse du roi au comte d'Eu, fils de son bienfaiteur le duc du Maine, et ses trompes à son troisième laquais nommé Vallée. Son portrait avait été peint à l'huile par Oudry (ou Hyacinthe Rigaud), mais ce tableau est perdu. Nous ne le connaissons que par la gravure qui en avait été faite par Breton et Henriquez quelques années après la mort du célèbre veneur. (*Voir en tête de ce paragraphe.*)

Ce personnage, malgré ses qualités remarquables de veneur, serait sans doute bien oublié aujourd'hui s'il n'était en quelque façon le père et le créateur des fanfares de chasse. Certes, on sonnait de la trompe avant lui, mais il est incontestablement le premier qui ait su imposer sa notation de la musique de chasse.

En août 1723, il sonna pour la première fois la *Royale* au bois de Boulogne, à une chasse où le roi était venu de Meudon. Il avait choisi une grande trompe en *ré* de 4^{m}05 parmi les trompes d'église essayées ou employées par Campra, maître de chapelle du roi Louis XIV. Il a composé peu à peu une série de fanfares, dont une partie est restée classique.

En 1728, il fut représenté sonnant du cor, sur le tableau

d'Oudry que Napoléon a envoyé au Musée de Toulouse en
1811 : L'Hallali aux étangs de Saint-Germain (fig. 45). Ce magnifique tableau fut achevé en 1730, et c'est le seul document
représentant avec quelque netteté et précision la trompe, qui
fut seule employée à la Vénerie du roi de 1722 à 1729.

Ses fanfares le rendirent célèbre dans tout le royaume, mais
tant qu'il vécut ne se transmirent que par tradition ou par des
copies volantes. Il les avait notées sur un carnet qu'il légua
à M. Bouron, secrétaire du roi, dont la femme, surnommée « la
Belle Enfant » avait été son amie et passait pour avoir été
quelque peu sa collaboratrice dans la composition de ses
fameuses fanfares.

Son fameux recueil parut vers 1778, plus de vingt ans après
sa mort, par les soins d'un de ses élèves qui a gardé l'anony-
mat. Ce rarissime ouvrage est un véritable monument élevé
à la gloire de Dampierre et de la Vénerie française.

Fig. 14. — Le marquis de Dampierre.

V

HISTOIRE DES FANFARES DE CHASSE

Les cornures survécurent quelque temps à l'apparition des fanfares, et on prétend même que, dans certains milieux arriérés, elles servirent jusque par delà 1700. La rencontre dans la même chasse de sonneurs de cor et de sonneurs de trompe devait produire une invraisemblable cacophonie ; mais les fanfares autrement ailées et chantantes de Philidor n'avaient guère de peine, lorsqu'elles les rencontraient, à mettre les cornures en déroute. La méthode du marquis de Dampierre, en mettant les fanfares à la portée de tous, triompha d'autant plus facilement qu'elle avait pour elle la faveur royale.

A. Première période (1680-1723)

Les airs servant à la chasse pendant cette période existent dans le cahier de musique manuscrit n° 168 de la bibliothèque de Versailles. Ce manuscrit ne contient que sept fanfares, qui furent notées par Philidor l'aîné de 1686 à 1705, c'est-à-dire antérieurement à la première sonnerie du marquis de Dampierre.

Celle-ci ne date officiellement que d'août 1723. Toutefois, il y avait des morceaux que les sonneurs exécutaient. Le 3 novembre 1722, en revenant de se faire sacrer à Reims, Louis XV fut brillamment fêté à Villers-Cotterets par le duc d'Orléans, le Régent, qui lui fit voir une chasse de cerf en calèche et une chasse de sanglier dans les toiles. A cette occasion, plus de soixante sonneurs se firent entendre et exécutèrent presque uniquement des morceaux aujourd'hui disparus.

L'œuvre de Philidor est représentée par un simple feuillet conservé à la bibliothèque de Versailles et contenant sept airs de chasse, dont les amateurs ne seront pas fâchés de trouver ici la reproduction.

De ces sept fanfares on ne sonne plus aujourd'hui que « La Retraite » et « La Sourcillade ». La première fut légèrement modifiée par le marquis de Dampierre et prit depuis lors le nom de « Retraite de prise ». Dans les Traités de Vénerie de Gaffet de la Briffardière et de Le Verrier de la Conterie, elle s'appelle « Retraite prise ».

« La Sourcillade » avait été dédiée à M. de Sourcy, seigneur de la Tuile, lieutenant de la vénerie de Louis XIV en 1703, et servait pour la Vue. Les veneurs du temps eurent la grande délicatesse de ne jamais changer le nom de cette fanfare avant la mort de M. de Sourcy, qui mourut en 1744. Elle fut baptisée « La Vue » à cette époque. C'était l'aube de la gloire.

B. Deuxième période (1723-1789)

Le véritable rénovateur, on pourrait dire le véritable créateur des fanfares de chasse, fut le marquis de Dampierre. Un dicton, d'ailleurs populaire, en a consacré le souvenir.

Sa première fanfare, « La Royale », a été composée et sonnée en 1723, la « Discrète » est de 1725, la « Dauphine » de 1729 et Séré des Rieux en 1734, c'est-à-dire bien avant la mort du célèbre marquis, les reproduisit toutes.

Le président Bertin de Rocheral assure que Dampierre n'a pas publié lui-même son recueil, parce qu'en principe ses fanfares étaient faites pour le roi qui en avait le secret, secret d'ailleurs complètement violé par Séré des Rieux sans que personne l'en ait jamais blâmé ; quoi qu'il en soit le recueil de Dampierre ne parut qu'après la mort de l'auteur, par les soins d'un de « ses écoliers », qui déclare les avoir toutes reçues de sa main, y compris la fanfare du « Daim » que l'on attribue sans preuve sérieuse à Mme de Pompadour. Au dire de l'éditeur et préfacier, la seule fanfare qui ne soit pas de Dampierre est « La Boucher », composée par M. L. C. D.

Le célèbre recueil n'est pas daté, mais passe pour avoir paru vers 1778. Quoi qu'il en soit, voici son titre exact :

Recueil de fanfares pour la chasse, à une et à deux trompes, composées par feu M. le marquis de Dampierre. Paris, M. Le Clerc, s. d., in-fol. oblong.

Il comprend un titre gravé, le portrait de M. de Dampierre gravé par Henriquez, soixante et une pages contenant dans des encadrements, un avertissement, vingt-neuf fanfares gravées et neuf planches de scènes de chasse dessinées par Breton et gravées par Henriquez. Ces neuf planches sont reproduites dans les bandeaux du présent volume.

Il en existe d'ailleurs deux réimpressions, dont la première nous a été communiquée par M. Boursier de la Roche, et la seconde par notre éditeur, M. E. Nourry, toutes deux rarissimes et l'on pourrait presque dire inconnues.

La première est certainement une contrefaçon étrangère, les nombreuses fautes d'orthographe dont le titre est orné suffiraient presque à le démontrer, mais de plus elle nous présente à tort le marquis de Dampierre comme grand maître des équipages du prince de Condé et ne porte aucune indication d'éditeur, ce qui est ordinairement un signe d'irrégularité. Elle s'intitule :

La chasse royal (sic) *et autres fanfare* (sic), à un et deux corps de chasse, par *marquis de Dampierre*, grand maître des équipages de S. A. S. Monseigneur le prince de Condé; à Paris, aux adresses ordinaires de musiques, s. d., in-4°, comprenant un titre frontispice gravé et vingt-deux pages pour les fanfares.

La seconde est une édition qui, pour être aujourd'hui inconnue, paraît néanmoins avoir été publiée régulièrement. Elle comprend deux petits volumes in-fol. oblong, un pour la musique de chaque trompe. La première partie a pour titre :

Fanfares pour la chasse à trompe seule et une seconde Adl. Composées par *feu M. de Dampierre;* à Paris, chez Sieber père, éditeur de musique, rue Saint-Honoré, hôtel d'Aligre, n° 199 (ce même titre est répété à la seconde partie).

Chacune de ces deux parties comprend le même titre gravé, mais tandis que le verso est blanc pour la première partie, il est imprimé dans la seconde.

Les titres des fanfares de ce célèbre recueil, le plus glorieux monument de la musique de chasse moderne, méritent d'être donnés intégralement. Ce sont :

(*Les Têtes*) : 1° La Royale, pour le cerf dix cors; 2° La Petite

Royale, pour le dix cors jeunement; 3° La Fanfare du Roy, pour un cerf à sa quatrième tête; 4° La Dauphine, pour un cerf à sa troisième tête; 5° La Discrète, pour un cerf à sa deuxième tête; 6° La Fanfare de la Reine, pour le daguet.

(*Les Circonstances*) : 7° Le Vol ce l'Est, lorsque l'on revoit le cerf; 9° Le Débuché, lorsqu'il débuche en plaine; 9° L'Eau, lorsque la bête se met à l'eau; 10° L'Halali, lorsque le cerf est aux abois; 11° La Retraite Prise, que l'on sonne après la mort. Celle-ci s'inspire sensiblement de Philidor; 12° La Saint-Hubert, pour le jour de la Saint-Hubert.

(*Les Résidences et les fanfares particulières*) : 13° La Bourgogne; 14° La Dampierre; 15° L'Azur; 16° La Fontaibleau; 17° La Compiègne; 18° La Rambouillet; 19° La Petit Bourg; 20° La Choisy; 21° La Chantilly; 22° La Silvie; 23° L'Anjou.

(*Complémentaires*) : 24° La Fanfare du Daim; 25° Le Laisser Courre royal; 26° La Parme; 27° La Fontenoy; 28° La Champcenetz; 29° La Boucher. Cette dernière par M. L. C. D.

L'édition Sieber père comporte trente morceaux au lieu de vingt-neuf, parce qu'elle nous donne deux versions différentes de « La Dampierre ».

On trouve toutes ces fanfares dans l'édition du Traité d'Yauville qui fait partie de la collection *Les Maîtres de la Vénerie*.

Avant la Révolution nous ne connaissons qu'un seul recueil d'airs de chasse en dehors de Dampierre. Il est d'ailleurs à peu près inconnu, bien qu'il ait figuré en juillet 1912 au *Bulletin des chasseurs bibliophiles*, publié par la librairie E. Nourry :

HUBERTY : *Recueil pour les cors de chasse*, contenant cent fanfares en duo avec la game (*sic*). Mis au jour par M. Huberty, de l'Académie royale de musique. Paris, chez l'éditeur, rue des Deux-Écus, au Pigeon blanc, s. d. (vers 1750), 2 vol. in-12 oblong.

Tome I : 4 ff. nc. (un pour le titre, un pour la gamme, deux blancs), 104 pages entièrement gravées de musique. Tome II : 4 ff. nc. (un pour le titre, un pour la gamme, deux blancs), 104 pages de musique.

Malgré l'autorité que lui conférait son titre d'académicien, les fanfares composées par Huberty ne furent jamais citées par les amateurs de musique de chasse. Au reste, Dampierre était déjà connu de tous, grâce à Séré des Rieux, dont l'ouvrage constitue la véritable édition originale du recueil de Dampierre, puisqu'il parut quarante-quatre ans avant la première édition séparée et officielle. Arrêtons-nous un peu à cette édition préoriginale :

Séré des Rieux : *Les dons des enfants de Latone*, la musique et la chasse du cerf, poèmes dédiés au roy. Paris, Prault, Desaint et Guérin, 1734, in-8° de xvi-330 p. avec fig. et musique.

Les fanfares se trouvent à la fin de l'ouvrage : cette partie se compose d'un titre et de trente-deux pages de musique gravées. Au début du livre on trouve encore quatorze pages gravées de *Remarques sur la musique* et, à la suite de la page 28, quatre pages de musique gravées donnent les tons majeurs et mineurs.

Cet ouvrage contient toutes les fanfares de Dampierre, auxquelles Séré donne parfois des titres différents.

Elles occupent les pages 1 à 23 et sont précédées de cette indication :

Tons de chasse et fanfares à une ou à deux trompes composées par M. de Dampierre, gentilhomme des plaisirs du roy, pour faire connaître aux veneurs le cerf que l'on court, ses divers mouvemens, les différentes opérations, la chasse, et le lieu ou l'occasion, où les dites fanfares ont été faites.

Séré des Rieux nous donne, en outre (p. 18 à 22), une suite qu'il annonce ainsi : *Autres fanfares connues de différents auteurs.* Ces morceaux sont : *La Sourcillade, L'Amour charlatan du marquis de Tressan, Les Loges de Saint-Ger-*

main, Les Sentiers d'Avon, La Petite Chasse par Mouret et Le Bourgeois.

Les pages 23 à 25 y ajoutent une troisième série intitulée : *Fanfares nouvelles* (aujourd'hui bien vieilles), ce sont : *La Mitilde, La Diane, L'Anonime, La Saint-Pair* et *La Milleville.*

Enfin, il termine (p. 26 à 32) par de *Nouvelles fanfares* à deux trompes, pour sonner en concert pendant la curée, par M. Morin.

Ce Morin n'est pas un inconnu, il nous a laissé une œuvre curieuse qu'il convient de rappeler. Elle s'intitule :

MORIN : *La Chasse du cerf*, divertissement chanté devant Sa Majesté à Fontainebleau par M. Morin, ordinaire de la musique de S. A. R. Mgr le duc d'Orléans. Ce divertissement est mêlé à plusieurs airs à boire. Paris, Ballard, 1708, in-fol. oblong, dont seize pages de musique.

Mais ceci n'est qu'un divertissement musical. Il prouve néanmoins que l'auteur composait de la musique de chasse et pouvait nous donner des fanfares.

Nous ne pouvons pas quitter l'ouvrage de Séré des Rieux sans signaler les curieuses indications qu'il nous fournit sur l'origine de certaines fanfares de Dampierre : *La Reine* a été faite à l'occasion du mariage des princes régnants ; *La Discrète*, à l'occasion de la naissance de Monsieur le Dauphin ; *la Louise royalle* est l'œuvre personnelle du roi, alors à Fontainebleau ; *La Royalle* fut composée pour le roi la première fois qu'il courut le cerf à Meudon, et le *Laisser courre royal* à l'occasion d'un cerf détourné par le roi à la Boixière. Au reste, le cerf fut pris et sa tête (une troisième) fut placée dans la galerie des cerfs à Fontainebleau. *L'Anjou* fut sonnée à la naissance de M. le duc d'Anjou. La *Petit bourg* fut destinée à conserver le souvenir de la première visite du roi au Petit bourg. Enfin l'*Azur* a été composée dans le Cabinet du roi à Meudon.

Les fanfares nées en de tels lieux et dans de telles circonstances ne pouvaient point céder le pas aux compositions du
sieur Huberty.

On peut rapprocher de l'ouvrage de Séré des Rieux un autre
livre à peu près inconnu qui parut une vingtaine d'années
plus tard, mais en allemand et en Russie :

J. Hinrichs : *Origines, progrès et état actuel de la musique
de chasse chez les Russes*. Saint-Pétersbourg, 1756.

Depuis Séré des Rieux jusqu'à la Révolution il ne parut
pas de recueils spéciaux en dehors de ceux d'Huberty et de
Dampierre. Ce furent les auteurs des Traités de Vénerie qui
pourvoyèrent les chasseurs. Nous allons les passer rapidement en revue :

[Gaffet de la Briffardière] : *Nouveau traité de Vénerie,
contenant la chasse du cerf, celle du chevreuil, du sanglier,
du loup, du lièvre et du renard*. Avec la connaissance des
chevaux propres et des remèdes pour les guérir lorsqu'ils se
blessent. Des instructions et des remèdes pour garantir et
guérir les chiens de la rage, la manière de dresser les chiens
couchants à l'arrêt, de les mettre à commandement et de leur
apprendre à rapporter. Un traité de la Pipée, de la Fauconnerie et les termes de cette espèce de chasse. Le tout orné de
figures et de musique par *Un Gentilhomme de la Vénerie du
roy*. Paris, chez Mesnier, 1742, in-8° de 2 + 36 + xvi + 14 +
401 + 3 pages illustrées de quinze planches hors texte de
fumées et de pieds.

Ce nouveau traité contient aussitôt après la table des cha-
pitres, chiffrée en romain, quatorze pages de musique gravées;
soit quarante-deux fanfares, dont la plupart des sonneries de
Dampierre. Quelques-unes ont changé de nom. La Champcenetz est devenue la Guerville; la deuxième Chantilly est baptisée La Sillerie (autre forme de la Silvie). Parmi les nouvelles citons la Tonner, la d'Harcourt, la Sultane et la Guerchy.

[LE VERRIER DE LA CONTERIE] : *L'École de la chasse aux chiens courants*, par M. Le Verrier de la Conterie, écuyer, seigneur d'Amigny les Aulnets, etc… Précédée d'une bibliothèque historique et critique des Théreuticographes. A Rouen, Nicolas et Richard Lallemant, 1763, in-8° de ccxxviii-396 pages, plus un cahier de musique de chasse.

Le cahier de musique se compose de quatorze pages gravées de *Tons de chasse et de fanfares*. Tout est emprunté à Dampierre ou à Gaffet de la Briffardière.

[GOURY DE CHAMPGRAND] : *Almanach du chasseur ou calendrier perpétuel.* Paris, Pissot, 1773 (le titre gravé par Choffart porte la date de 1772), in-12 de iv-288 pages sans compter les fanfares.

L'almanach comporte trente-sept pages de musique gravées intitulées *Fanfares de chasse*. On y trouve la plupart des morceaux que Séré des Rieux mettait déjà au compte de Dampierre, plus un certain nombre de fanfares nouvelles, telles que : *La Chartre, La Laufeld, la fanfare du loup* et *la fanfare du veneur*.

D'YAUVILLE : *Traité de Vénerie*, par M. d'Yauville, premier veneur et ancien commandant de la Vénerie du roi. Paris, de l'Imprimerie royale, in-4° de xii-415 pages.

L'ouvrage se termine par 41 pages de fanfares gravées, imprimées au recto seulement et reproduisant intégralement le recueil de Dampierre.

Chasses (extrait de l'*Encyclopédie des arts et métiers de la fin du XVIII*e *siècle*), contenant vingt-trois planches (précédées d'un texte explicatif de 31 pages), in-fol. Donne quelques airs de chasse également puisés aux sources précitées.

Les fanfares de Dampierre, et cette revue nous en fournit la preuve, ont été les grandes favorites durant toute la seconde moitié du XVIIIe siècle; celles d'Huberty n'eurent pas d'écho parmi les veneurs; Morin, Mouret, le marquis de Tressan n'eurent qu'un succès très relatif et combien limité. Après la Révolution tout allait changer.

C. Troisième période. Le XIXe siècle (1800 à 1900)

Les Traités de chasse et les Méthodes de trompe

Durant tout le XIXe siècle certains traités de chasse continuèrent de publier des fanfares, ils ne visent guère à l'originalité dans ce domaine. Nous allons en donner les titres par ordre chronologique en y ajoutant quelques indications sur leurs mérites particuliers :

Auguste DESGRAVIERS : *Le parfait chasseur*. Paris, 1810, in-8°. Contient seize pages de fanfares gravées.

[JOURDAIN] : *Traité général des chasses à courre et à pied;* contient l'histoire naturelle des animaux qui se trouvent en France et la manière de les chasser, un vocabulaire... et des nouvelles fanfares que l'on sonne en chasse. Orné de trente-six planches, etc... Paris, Audot, 1822, 2 vol. in-8°.

Le tome I se termine par douze pages de fanfares de chasse et contient trente-trois airs. Les vingt-trois premiers sont tirés de Dampierre. Voici les titres des dix derniers : Fanfares du Chevreuil ou la Calèche des Dames; fanfare du Sanglier; fanfare du Lièvre; fanfare du Loup; fanfare du Renard; la Saint-Hubert; la d'Angoulême; la fanfare de Madame; la Berry; la fanfare de Mme la duchesse de Berry; la Bordeaux.

[KRESZ AINÉ] : *Théorie générale de toutes les chasses au fusil, à courre et à tir*. Paris, Corbet, 1823, in-12. Ornée, dit le titre, de trente fanfares de chasse, qui remplissent vingt-huit pages gravées par Mlle Pigoreau.

De Mersan : *Manuel du chasseur et des gardes-chasses.* Paris, Roret, 1826, 16 pages de fanfares.

Le Verrier de la Conterie : *L'école de la chasse aux chiens courants*, nouvelle édition revue et annotée par un membre de la Société royale des sciences et arts de l'Ain. Paris, Bouchard-Huzard, 1845, in-8°.

A la page 183 on peut lire : « Les tons et fanfares sont du marquis de Dampierre; j'ai marqué de la lettre N ceux qui sont nouveaux. » Ce sont : *Le Terrier, La Fanfare des maîtres, La Bourbon, La d'Angoulême, La Berry* (qui cependant est déjà dans Jourdain), *La Bresse, La Chateauvillard.* Il indique également, et ceci est plein d'intérêt, les fanfares qui ont changé de nom ou reçu une destination nouvelle.

Signalons en passant un curieux ouvrage, au reste plein de savoir, bien qu'il ne traite que du loup :

Souvenirs d'un vieux louvetier, chasse, chasseurs, sports du Maine et de Normandie de 1840 à 1888, par le vicomte de Beauvais de Saint-Paul, ancien louvetier du Mans. Vannes, Lafolye, 1892, in-12. On y trouve quinze pages de fanfares de chasse à deux ou trois parties.

Enfin, pour terminer la série des traités de chasse, citons les trois ouvrages, dont le premier tout à fait intéressant au point de vue qui nous occupe :

Duchesse d'Uzès, née Mortemart : *La chasse à courre.* Collection de La Poétique, 1912, in-8° de 68 pages.

C'est une agréable description des différentes phases de la chasse, dont chacune est accompagnée d'une image photographique de la scène et de la fanfare qui se sonne dans la circonstance. Presque toutes ces fanfares sont du marquis de Dampierre. Notons cependant les *Honneurs du pied*, par M. d'Estival, et *Le Rallye-Bonnelles*, par M. J. Armand-Jouannin.

Enfin deux classiques :

Comte Le Couteulx de Canteleu : *Manuel de Vénerie française*. Paris, 1890, petit in-8°. Il donne (p. 297-357) les *Principales sonneries de chasse*, soit soixante-cinq tons ou fanfares accompagnées de paroles pour près de la moitié d'entre elles.

La Chasse moderne. Encyclopédie de chasse. Paris, 1900, in-8° carré. Sous le titre *Fanfares et sonneries*, on y trouve vingt-trois tons ou fanfares (p. 607-632). Malheureusement le compilateur a cru devoir y ajouter des indications d'origine et attribue au marquis de Dampierre des fanfares qu'il n'a jamais composées.

Tous ces traités, dont quelques-uns excellents, n'ont pas suffi à satisfaire les amateurs de musique de chasse; on dut éditer des ouvrages spéciaux assez nombreux. Le XIXe siècle peut s'appeler le siècle des *Méthodes de trompe*.

Le mot n'apparaîtra qu'avec Grubert, mais la chose apparut avant le titre et dès l'année 1804. Voici les ouvrages qui ont précédé Grubert :

Doisy : *Tons et manières de sonner à la chasse*, avec des fanfares à une et deux parties... Suivis d'un dictionnaire à l'usage des chasseurs et contenant tous les termes, explications et expressions relatifs à la vénerie, à la fauconnerie, etc..., par Doisy. Paris, Doisy, 1804, in-4° oblong.

Simrock : *Recueil d'airs de chasse et fanfares*, dédié à MM. les Amateurs. Prix : 6 francs. A Paris, chez Simrock, professeur, marchand de musique et d'instruments, rue du Mont-Blanc, n° 1, Ch^e Lantin. Propriété de l'éditeur. Déposé à la Bibliothèque impériale, s. d. (vers 1840), in-4° oblong, 54 pages gravées et un fol. blanc. Le titre est orné de vignettes gravées par Billet. Ce recueil fort rare donne quatre-vingt-quatre airs de chasse.

Jouve : *Colection* (sic) *de cent seize airs et fanfares*, pour la chasse de la Maison royale, à une ou deux trompes. Paris, chez Jouve, s. d. (vers 1820), grand in-8° oblong, un titre gravé et 51 pages de fanfares gravées.

Doneaud du Plan : *Album du chasseur*, par M. Doneaud du Plan. A Paris, chez Lefuel, 1823, in-16, contenant 8 pages de fanfares.

En fait, ces recueils sont publiés par des marchands d'instruments qui sont en même temps professeurs de trompe. C'est du moins le cas des trois premiers. Ce sera encore celui de Grubert.

Grubert : *Méthode de trompe ou cor de chasse*, contenant les études nécessaires pour parvenir à bien jouer, composée et dédiée à M. Du Temple fils, de Pierry, par M. Grubert, professeur. Paris, s. d. (vers 1830), Meissonnier, éditeur, Palais-Royal, grand in-8° oblong. Un titre, 25 pages.

Grubert qualifie le marquis de Dampierre de grand veneur du prince de Condé. Cela prouve qu'il ne connaissait que la contrefaçon que nous avons citée plus haut.

C'est, en tout cas, aux environs de la même époque que l'on peut placer l'ouvrage suivant qui complète la collection Jouve, déjà citée :

Hentz-Jouve : *Collection de soixante-deux fanfares* ou airs de chasse, avec paroles anciennes et nouvelles à une ou deux trompes. A Paris, chez Hentz-Jouve, s. d. (vers 1830), grand in-8° oblong. Un titre gravé et 36 pages, dont 30 de fanfares gravées avec paroles et 6 pages (de 31 à 36) de paroles seules.

1835 est une année faste pour les sonneurs. J.-V. Leroux, professeur des pages et des officiers du corps royal, ancien élève de Jardin, dit Le Chique, propose sa méthode à ses élèves, et la maison Jouve lance le manuel C. F. V. Voici les titres de ces deux productions :

J.-V. LEROUX : *Nouveau traité de trompe*, contenant tous les principes nécessaires pour sonner facilement de la trompe en très peu de temps et obtenir le vrai ton de chasse, les fanfares des différents animaux que l'on chasse en France et toutes les sonneries de circonstances qui se présentent en chasse, par J.-V. Leroux, professeur des pages, des officiers du corps royal et du manège de M. le comte O'Hegerty. Illustré de quatre gravures. Imprimé par les procédés de E. Duverger, rue de Verneuil, n° 4, 1835, in-8° oblong.

Premier recueil (probablement le seul paru sur les quatre recueils annoncés sur la couverture).

C. F. V. : *Manuel du Veneur*, contenant 211 tons de fanfares, avec paroles indiquant l'action de la chasse, précédées de quelques principes de musique et d'une méthode pour sonner de la trompe, par M. C. F. V. A Paris, chez Jouve, s. d. (1835), grand in-8° oblong. Un titre gravé, 26 pages de texte gravées et 72 pages de musique gravées avec paroles.

Dans les années qui suivent nous n'avons guère à signaler qu'un chansonnier allemand et la méthode de Bertin.

F. POCCI, L. RICHTER UND G. SHERER : *Alte und neue Singweisen Herausgegeben*, von P. Pocci, L. Richter und G. Scherer. Leipzig, Mayer, s. d. (1843), in-8°, vignettes, 80 pages de chansons de chasse avec musique gravée et vignettes gravées sur bois à chaque page.

BERTIN : *Nouvelle méthode de trompe* ou manuel raisonné à l'usage des veneurs et amateurs de chasse, contenant :

1° *Les principes de la trompe;* 2° la description des animaux que l'on chasse et leur histoire naturelle appropriée à la chasse; 3° *les fanfares de ces animaux et les airs qui se sonnent* dans les différentes circonstances, notés et mesurés dans le mouvement de chasse; 4° un dictionnaire indiquant les termes de vénerie et leurs usages, par Berlin, professeur de trompe. Paris, chez l'auteur, à la Salle de trompe, rue des Prouvaires, 15, au premier, et chez les principaux marchands de musique, s. d. (1844), in-8° oblong (1re édition).

Un titre gravé, 5 planches de pieds d'animaux, une litho hors texte; vi-113 pages pour les principes de la musique et les fanfares; 4 pages pour l'Introduction et Observations; un titre et 21 pages pour le dictionnaire des termes de chasse.

Mais l'année 1848, si caractérisée par ses mouvements révolutionnaires, est l'occasion de tout un renouveau pour les sonneurs de trompe. Ploosen professe dans la salle de trompe de la rue Duphot, créée en 1825 par Baptiste Varet; Thiberge lance son Manuel abrégé et Tellier son Nouveau manuel du veneur, aboutissement et point de départ de dix autres publications du même auteur.

H.-C. DE PLOOSEN : *Le guide du chasseur ou méthode de trompe de chasse*, renfermant les principes de musique, des leçons d'intonation, des exercices dans différentes mesures, la pose de l'exécutant, la figure de l'instrument, les airs de chasse les plus usités, des fanfares pour deux ou trois trompes. Paris, E. Gauvin, éditeur, successeur de Joly, rue Montpensier.

Un feuillet pour une lithographie hors texte représentant un sonneur de trompe, et 32 pages pour les fanfares et tons de chiens.

H. C. DE PLOOSEN : *Nouvelle méthode de trompe ou cor de chasse*, par H. C. de Ploosen. Paris, veuve Paté, éditeur, 47, rue Lafayette, s. d., in-8° oblong, 24 pages y compris 2 pages pour le texte.

THIBERGE : *Fanfares et tons de chasse ou manuel abrégé du chasseur aux chiens courants*, par Thiberge, professeur de trompe. Paris, chez l'auteur, rue Duphot, 10, Maison du Manège, 1848, in-8° oblong, 32 pages pour le texte et vocabulaire, 8 pages pour les tables et 241 pages contenant 163 fanfares.

TELLIER : *Nouveau manuel du veneur*, contenant les tons et les fanfares de la chasse, précédés des principes de musique, et une méthode générale pour sonner de la trompe, par Tellier, professeur de trompe. Paris, au Menestrel, rue Vivienne, 2 *bis*, Heugel et Cie, s. d. (1848), in-8° oblong.

Un feuillet pour le titre gravé, un frontispice lithographié, 30 pages pour la préface, le manuel, les règles de la chasse au cerf (en vers), le dictionnaire de la chasse au cerf, et la table; 2 pages pour les principes de musique, 79 pages de fanfares gravées. Les pages 9 à 30 sont placées à la suite des fanfares.

TELLIER : *Cinq fanfares nouvelles et une messe de Saint-Hubert*, composées pour une ou deux trompes, par Tellier, auteur du Nouveau manuel du veneur, avec paroles consacrées pour la chasse. Paris, s. d., au Ménestrel, A. Meissonnier et Heugel, Heugel successeur, grand in-8° oblong, 8 pages de musique.

TELLIER : *Les plaisirs de la chasse*. Recueil de nouvelles fanfares pour une ou deux trompes, dédié à M. le marquis de Dauvet, par Tellier, professeur de trompe à l'École royale d'équitation. Paris, s. d., Savaresse, grand in-8° oblong. Titre gravé, 43 pages, dont 36 de fanfares gravées, 7 pages pour les paroles.

TELLIER : *Nouvelles fanfares pour une ou deux trompes*, dédiées aux amateurs, composées et arrangées par Tellier. Paris, s. d., Meissonnier, éditeur, successeur de Savaresse, Palais-Royal, grand in-8°. Un titre gravé et 15 pages de fanfares gravées.

TELLIER : *Fanfares nouvelles*, par Tellier (lithographie au recto de la couverture et cinq fanfares manuscrites calligraphiées) : la Reiset, l'Union rouennaise, l'Arnaudtizon (ou l'Impériale), la Rouennaise (ou les Honneurs du pied), la Folle chasseresse.

TELLIER : *Grand album du chasseur* avec texte, dessins et musique, renfermant les principes de la trompe, les fanfares usitées avec paroles, les règles de la chasse, un dictionnaire de vénerie et des notions vétérinaires sur les maladies des chiens. Paris, Heugel, s. d., in-8° oblong, 96 pages de fanfares. exercices et tons de chiens; 24 pages de texte pour la table, le dictionnaire du veneur, les règles de la chasse du cerf et les notions vétérinaires.

TELLIER : *Chansonnier du chasseur*, par M. Tellier, professeur de trompe. Dédié aux amateurs de la chasse et orné du portrait de l'auteur. A Paris, chez Gohin, s. d., boulevard Ornano, 14, facteur d'instruments de musique en cuivre. Spécialité de trompes perfectionnées par Tellier, in-18 oblong, 95 pages y compris l'avant-propos et la table.

TELLIER : *Suite du chansonnier du chasseur*. Cinquante fanfares nouvelles pour deux trompes avec paroles, composées par N. Tellier, professeur de trompe. A Paris, chez Gohin, boulevard Rochechouart, 92, facteur d'instruments de musique en cuivre. Spécialité de trompes perfectionnées par Tellier, s. d., in-18 oblong, 96 pages y compris la table.

A. SCHNEIDER : *Délassement des chasseurs*. Cinquante fanfares pour une ou deux trompes, par A. Schneider, artiste du théâtre de l'Opéra-Comique. Paris, S. Richault, s. d., vers 1850, grand in-8° oblong. Un titre gravé avec une dédicace de l'auteur à son ami Tellier et 37 pages de musique donnant cinquante tons de fanfares.

5

Vers 1855, Léon Bertrand, directeur du *Journal des chasseurs*, publia un album dont voici la description :

Léon BERTRAND : *Fanfares du Journal des chasseurs*, album Léon Bertrand. Paris, Heugel, s. d. (vers 1855), grand in-4°, couv. illustrée, de 38 ff. nc. (1 f. blanc, titre et douze fanfares de 3 ff.).

Entièrement lithographié, texte et musique. Ces douze fanfares pour deux voix, avec accompagnement de piano (pour deux trompes, ou ténor et baryton), sont l'œuvre, paroles et musique de Léon Bertrand. — L'illustration comprend un portrait de Léon Bertrand en costume de chasse, sur le titre, lithographie de F. Grenier, et douze lithographies (portant les titres des fanfares et les noms des personnes à qui elles sont dédiées), par Lehnert, F. Grenier, Eug. Forest, Jules David. Ces douze lithographies dans la première édition sont tirées sur feuilles à part avec verso blanc, alors que dans les tirages postérieurs le verso de la planche est imprimé, de sorte que chaque fanfare n'occupe plus que deux feuillets au lieu de trois.

L'album original ne comprenait que les douze fanfares annoncées par le titre : *les Foulés, la Quatrième tête, le Cerf de Sologne, l'Hallali sur pied, le Daim, le Sanglier, le Loup, le Renard, le Lièvre, la Compiègne, le Mahounah, la Léon-Bertrand.*

Divers suppléments ont paru ensuite :

1° *Le Vin du Rhin*, chanson de chasse, 2 ff. nc.

2° *La Bénazet*, fanfare de Basse, 2 ff. nc.

3° *La Choubrah*, fanfare pour gazelle, 2 ff. nc., titre illustré d'une lithographie de A. Jorel.

La couverture générale, tirée en or, qu'on trouve généralement collée sur le cartonnage d'édition, est ornée d'une composition décorative à sujets cynégétiques par A. Barbizet. La même composition, tirée en noir, illustre les titres de *le Vin du Rhin* et *la Bénazet*.

Il a été fait de la musique des douze premières fanfares un

tirage (transposition pour les voix), qui comprend un feuillet pour chaque fanfare. Ce tirage ne peut se trouver dans les exemplaires de première édition, que s'il y a été ajouté postérieurement. Cette « transposition pour les voix » ne semble pas avoir été faite pour la première fanfare, en tout cas nous ne l'avons jamais vue.

Après 1855, nous ne pouvons que signaler la méthode de Lagard (1864), de Frontier (1870), de Normand (1874), de Sombrun (1880), le petit manuel du comte de la Porte (1890), suivi quelques années après par son recueil de 150 fanfares de maîtres, enfin en 1900 la méthode de M. Thyndare Gruyer.
La période qui vient de s'écouler depuis l'aube du nouveau siècle témoigne d'un ralentissement dans la production. Nous espérons que ce nouveau recueil ranimera le goût des fanfares, en fournissant un choix tout à fait adapté aux besoins actuels des chasseurs.

APPENDICES

APPENDICE I

BIBLIOGRAPHIE ALPHABÉTIQUE
DES MÉTHODES DE TROMPE
ET DES FANFARES DE CHASSE
DE 1850 A 1930[1]

Armaillé (d'). *15 fanfares*. Paroles et musique de M. le comte Paul d'Armaillé. Paris, Flaxland, Durand, Schoenewerk et Cie successeur, gr. in-8°.

Un titre frontispice, 2 p. pour l'avant-propos, une p. vignette, 29 p. pour la table, les fanfares à 2 parties avec les paroles et 5 vignettes (toutes semblables).

Bonnance, professeur au collège de Juilly. *Études progressives de trompe ou cor de chasse*, pour rendre plus facile et plus brillante l'exécution des fanfares. Suivis de fanfares de fantaisie. Paris, S. Richault, éd. gr. in-8°.

Un f. pour le titre, et 20 p. pour le texte et les fanfares.

Brand. *Méthode de trompe ou cor de chasse*. Paris, s. d., Alphonse Leduc, éd. gr. in-8° oblong.

22 p. y compris 5 p. pour les principes de la musique et la description de l'instrument.

---

1. Nous devons remercier ici M. Boursier de la Roche qui nous a communiqué ses notes bibliographiques et permis d'être à peu près complet.

Bretonnière (V.). *L'art du chasseur et du veneur.* Manuel de trompe par V. Bretonnière. Paris, s. d., Alphonse Leduc, éd. in-8° oblong.

Une p. pour le titre, 4 p. pour les principes de musique, 76 p. pour l'avis de l'auteur, la description de l'instrument, les leçons progressives, le vocabulaire et les fanfares et tons divers.

Buret (Docteur Frédéric). *Nouvelles fanfares et fantaisies pour trompe de chasse.* E. Gobert, éditeur, 22, rue et place Saint-André-des-Arts. Émile Dhabit (maison Fr. Périnet), 40 *bis*, rue Fabert, place des Invalides. Paris, 1908, in-12 oblong.

15 p. contenant 22 fanfares.

Carnaud jeune. *Méthode pour la trompe de chasse,* contenant un abrégé des principes de musique, des exercices préparatoires et toutes les fanfares de chasse avec leur mouvement, par Carnaud jeune. Paris, A. Cordier, 82, rue Saint-Sauveur, s. d., in-8° oblong de 24 p. Frontispice lithographié.

Clodomir (P.). *Méthode élémentaire pour trompe ou cor de chasse,* contenant toutes les fanfares et sonneries les plus usitées et un grand nombre de fantaisies nouvelles par P. Clodomir. Paris, Alphonse Leduc, in-8° de 31 p.

Féraudy (Maurice de) et Berger (Rodolphe), *Chasse à courre,* scène chantée (pour chant, trompes de chasse et piano); exécutée au Concert des Ambassadeurs par Mme Paulette Darty. Paris, Enoch et Cie, in-8°.

19 p. frontispice, bandeaux et culs-de-lampe à chaque page.

Harel (Paul). *Chansons de chasse* (paroles et musique). Précédées d'une conférence sur la vénerie. Argentan, Émile Langlois, 1911, in-12.

94 p. dont 30 pour le faux-titre, titre et la conférence, et 2 pour la table (25 fanfares, paroles et musique).

Lagard (A.). *Méthode de trompe ou cor de chasse,* précédée d'un dictionnaire des termes de vénerie, de l'art de soigner et de dresser les chiens, d'un traité sur la chasse, et suivie de sonneries pour une, deux et trois trompes. Illustrée de vignettes représentant les chiens, le cerf, le daim, le chevreuil, le sanglier, le blaireau, le lièvre et leurs traces. Les différentes parties de la trompe ou cor de chasse et la pose de l'exécutant, par A. Lagard. Paris, Désiré Kelner (1859), 55, rue de la Chaussée-d'Antin, gr. in-8°.

32 p. dont 11 pour le texte et les gravures.

La Porte (Comte Henri de). *Manuel du sonneur de trompe,* contenant : un aperçu historique sur la trompe, des conseils pour bien sonner, les premières notions musicales; la musique de tous les tons et fanfares classiques dans l'ordre où ils doivent être sonnés, avec une explication à chacun d'eux. Grandes fanfares anciennes et modernes. Airs de fantaisie pour la trompe.

La messe de Saint-Hubert, etc., etc... Paris, Pairault et Cie, s. d. (1890), in-12.

261 p. dont 40 pour le faux-titre, le titre, l'avant-propos, les notions musicales, et 5 pour la table.

LA PORTE (Comte Henri DE). *Fanfares de chasse des équipages français,* paroles et musique recueillies et mises en ordre par le comte H. de la Porte. Paris, Pairault et Cie, s. d., gr. in-8° de 252 ff. n. ch., illustré de 500 gravures ou vignettes.

LAZARQUE DU MONTAUT (E.-A.). *Le bonsoir des chasseurs,* chœur à 4 voix, musique de Théodore Gallyot. Metz, Sidot frères, 1867, in-8° de 12 p.

LECHIEN (Hubert). *Les plaisirs du chasseur.* Recueil de fanfares belges avec paroles composées et recueillies par Hubert Lechien. Impr. G. van Gysel, Marché au Lin, 18, Gand, s. d. (vers 1907), in-8° oblong.
Un titre frontispice et 107 p. y compris l'introduction et la table.

Le consistoire de la trompe : Dans les annales de l'Académie de Belgique (Anvers), t. XXXIII.

LE DHUY (A.). *Petite encyclopédie instrumentale, trompe.* Paris, Schonenberger, éditeur, boulevard Poissonnière, 28, gr. in-4°.
31 fanfares ou tons de chiens.

LHUILIER (Conrad). *Méthode complète de trompe de chasse,* avec les airs, fanfares, etc., usités dans les chasses royales, par Conrad Lhuilier. Paris, s. d., Lemvine et fils, éd. gr. in-8° oblong.
Une page pour le titre, 56 p. y compris le texte pour les principes de musique. Texte français et espagnol.

MELCHIOR (P.). *Ordonnance de chasse,* arrangée pour quatre trompes, dédiée à Monsieur Jean Lambert, fils ainé, et Sevaistre Turgis, Lieutenant de Louveterie, par P. Melchior. Paris, s. d., Meissonnier, successeur de Savaresse. Un titre gravé et 23 p. de musique.

MOINEAUX (Jules). *Album de Saint-Hubert,* chansons de chasse comiques sur les fanfares les plus connues. Paris, Gallet, s. d. (vers 1880), in-8° cart. illustré.
43 p. (y compris le titre en bistre et 10 gravures sur bois); 1 f. nc. pour l'adresse de l'imprimeur.

MOINEAUX (Jules). *Album de Saint-Hubert,* chansons de chasse comiques, sur les fanfares les plus connues, par J. Moineaux. Paris, Colombier, s. d., in-8°.
48 p. dont 10 gravées sur bois et un titre en bistre.

Moisson (Romain). *Fanfares et airs pour cor de chasse*, par M. Romain, dédiée à Mme la duchesse d'Uzès, s. l. ni d., in-8° oblong.

17 p. contenant 51 fanfares à une et deux parties.

Moisson (Romain). *Deuxième recueil de fanfares et airs pour trompes de chasse*. Paris, Margueritat, 1899, gr. in-8° oblong.

Un f. pour le titre et 16 p. contenant 50 fanfares ou airs.

Normand. *Nouvelle méthode de trompe ou manuel abrégé*, contenant les tons et fanfares avec paroles indiquant les différentes circonstances de la chasse, par Normand, professeur de trompe. Paris, chez l'auteur (1874).

4e éd., 1878; 5e éd. Paris, Margueritat, 1880, gr. in-8°.

Picoré (P.). *Répertoire de tons et fanfares de chasse*, par P. Picoré, professeur de trompe. Se trouve chez l'auteur, rue du Montet, 36, Nancy, s. d., petit in-8° oblong.

3 f. pour le titre gravé, le texte et la table, et 53 p. pour les fanfares.

Robas (J.). *Fanfares de chasse*. Salle des Enfants de Saint-Hubert. Nantes, novembre 1899, in-16 oblong.

Rohault (Th.). *Les Échos de la vallée d'Ancre*, fanfares pour deux trompes Th. Rohault. En vente chez l'auteur, rue Laurendeau, 12, Amiens (Somme), s. d., in-16 oblong.

Un f. pour le titre et 35 fanfares à 2 parties.

Rosner (J.). *Jagdsignale und Fanfaren*, zusammengestellt und rythmich gesrdnet. Pless.; Krummer, 1878, in-16 (2° édition).

Rossini. *Le Rendez-vous de chasse*, fanfare pour quatre trompes composée pour M. le baron de Schickler par G. Rossini, avec l'arrangement pour le piano. Paris, Troupenas et Cie, rue Neuve-Vivienne, 40, gr. in-4°.

5 p. pour la musique de trompe, 4 p. pour la musique de piano.

Sombrun (A.). *L'art de sonner de la trompe*, par A. Sombrun, professeur de trompe à Paris. Paris, s. d. (1880), Alphonse Leduc, in-4° oblong.

Titre avec frontispice lithographié, 8 p. pour la préface, la description de l'instrument et les principes de musique, 24 p. pour la description des animaux de chasse et le vocabulaire de Vénerie, 3 p. pour la table. En tout 207 pages.

Sombrun (A.). *Musique pour trompe de chasse*. Recueil de fanfares de maître et d'équipages, s. l. ni d., in-8° (Paris, Henry Lemoine et Cie).

Un f. pour le titre, 65 p. de musique, un f. pour la table.

Sombrun (A.), Grierre (E.), Allain (V.) et Robin (A.). *41 fanfares brillantes pour trompe de chasse*, par Sombrun, Grierre, Allain et Robin, en deux suites. Paris, Évette et Schaeffer, éditeurs, passage du Grand-Cerf, 18 et 20, s. d., in-12 oblong.

Tyndare-Gruyer. *Méthode complète de trompe de chasse*, contenant les tons, fanfares d'ordonnance et fantaisies nouvelles en trio, en quatuor et solos avec accompagnement de piano, précédés des principes nécessaires à la formation du sonneur et à l'organisation des sociétés de trompe par Tyndare-Gruyer. Paris, s. d. (1894-1900?), in-4°.

213 p. y compris la table et le texte.

Viney (Victor). *Recueil de fanfares de chasse à l'usage des maîtres d'équipage, veneurs, professeurs et amateurs.* Trios, groupes et sociétés de trompes de chasse, par Victor Viney.

3 recueils comprenant chacun 125 fanfares de maîtres d'équipage et fanfares diverses des meilleurs auteurs de la trompe. Paris, Monvoisin et Cie, 136, rue Amelot, in-8° oblong.

Viney (Victor). *Recueil de musique à l'usage des groupes et sociétés de trompes de chasse*, par Victor Viney, etc., 1re partie. Paris, s. d., Margueritat, gr. in-8° oblong.

Une p. pour le titre, 101 p. de musique à 4 parties, 1 p. pour la table. (32 morceaux : fantaisies, danses, marches, messe de Saint-Hubert, pas redoublés, etc...).

Viney (Victor). *Recueil de musique à l'usage des groupes et sociétés de trompes de chasse*, par Victor Viney, professeur d'harmonie, membre de plusieurs associations artistiques, directeur honoraire de la Société hippique française de trompes de chasse, etc., 2e partie. Paris, s. d., Margueritat, éditeur, gr. in-8° oblong.

Une p. pour le titre, 47 p. de fanfares. Une p. pour la table. Trios; fanfares de chasse classiques (animaux et circonstances, plus un choix de quelques fanfares diverses).

Willemann. *Nouvelle méthode de trompe ou cor de chasse*, contenant tous les tons et les fanfares de la chasse pour trompe seule, duos, trios et quatuors, augmentée d'un vocabulaire des termes de vénerie et d'un traité des maladies des chiens. Paris, S. Bornemann, s. d.

Titre couverture encadré d'une lithographie, 32 p. y compris la description de l'instrument et les principes de musique, 2 p. pour le vocabulaire des termes de vénerie et les médications pour les chiens.

Wittmann (G.). *Méthode élémentaire de trompe*, par Wittman. Paris, Evette et Schaeffer, éd., s. d., in-12 oblong de 48 p.

Wittmann (G.). *Collection de 68 sonneries et fanfares de chasse.* Arrangées par G. Wittmann. Paris, Evette et Schaeffer, éd., s. d.

31 p. de fanfares à 4 parties, 1 p. pour la table.

APPENDICE II

SONNERIES EN PARTIES
ET CONCOURS DE TROMPE

AVEC UNE LISTE DES FANFARES ADMISES
DANS LES CONCOURS

Les fanfares de Sociétés de trompe sonnant les quatre
parties ont commencé vers 1860 à Paris et dans plusieurs
villes de province. Le nombre des exécutants, très variable,
fut toujours compris entre quatre et vingt. D'après les pro-
fessionnels, le meilleur nombre serait cinq pour un concours.

Le premier concours semble avoir eu lieu en 1827. Dans
l'Introduction à sa Méthode qui parut en 1835, Leroux écrit :
« Depuis 1827 toutes les trompes d'honneur et autres prix
décernés dans les assauts ont été remportés par mes élèves. »

L'établissement de concours annuels réguliers à Paris
remonte à 1863, mais le règlement de ces concours n'a pas
paru avant 1903. Très sobrement rédigé, il est facile de
l'adapter au genre et au nombre des concurrents.

A la suite de nombreuses demandes d'amateurs de fanfares de chasse et de plusieurs directeurs de Sociétés de
trompe, M. Roger Laurent, président du jury de la Société
canine, a arrêté le 27 mars 1927 une double liste de fanfares

pouvant être sonnées dans ces concours de trompe. Les voici :

I. 32 FANFARES OBLIGATOIRES

CIRCONSTANCES 1 A 20   ANIMAUX 21 A 32

Titres des fanfares	Auteurs et dates
1. La Dampierre.	Dampierre, vers 1724[1].
2. Le Point du Jour.	On la trouve déjà dans *Champgrand*, *Almanach du Chasseur*, Paris, 1773, p. 36. Elle remonte probablement à 1765.
3. Le Lancé.	Anciennement *la Sultane*, Gaffet, Paris, 1742, p. 12.
4. Le Débuché.	Dampierre, vers 1723.
5. Le Vol-ce-l'est.	Dampierre, vers 1723.
6. Le Changement de forêt.	Anonyme. *Méthode C. F. V.*, vers 1835.
7. Le Bat-l'eau.	Dampierre, vers 1723.
8. La Sortie de l'eau.	Elle s'appelait jadis le *Passage de l'eau* et le marquis de Dampierre auquel nous la devons (1723) ne la sonnait que dans cette circonstance.
9. La Vue.	C'était primitivement la fanfare de M. de Sourcy, seigneur de la Thuile, lieutenant de la Vénerie de Louis XIV (1703). Elle a été rédigée entre 1707-1709. On la trouve sous le nom de *Sourcillade*, dans le cahier de Philidor l'Aîné. Champgrand (1773), p. 2, l'appelait *l'Ancienne Vue*. Elle est devenue la *Vue* vers la fin du xviiie siècle.
10. L'Hallali.	Dampierre, vers 1723.

1. Toutes les fanfares de Dampierre sont reproduites soigneusement d'après l'original.

TITRES DES FANFARES	AUTEURS ET DATES
11. Les Animaux en compagnie.	Elle parut dans la méthode C. F. V., vers 1835, sous le nom de *la Trianon*, sous celui de *Vue accompagnée* dans l'ouvrage de Leroux (1835).
12. Les Honneurs du pied.	Cette fanfare, nommée primitivement *la Rouennaise* parce que dédiée aux Rouennais par Tellier, date de 1842, et M. d'Estival passe pour y avoir collaboré.
13. La Retraite prise.	On la trouve déjà dans Philidor-l'aîné (1705). Dampierre l'a modifiée vers 1723 et lui donna le nom de *Retraite prise*.
14. Le Retour de la chasse.	C'est l'ancienne *Rambouillet* du marquis de Dampierre (1723) et de Gaffet, p. 10 (1742). Leroux l'a nommée plus tard ; *la Rentrée au chenil*, mais ne fut pas suivi.
15. La Saint-Hubert.	Dampierre, 1725. Elle ne doit se sonner que le jour de la fête du saint des chasseurs.
16. La Marche de Vénerie.	Publiée par Thiberge, 1848.
17. Les Adieux des Maîtres.	Delor, 1860.
18. Le Terré du Renard.	Publiée par Tellier en 1848.
19. La Rentrée au chenil.	*Idem.*
20. Les Adieux de la forêt de Paimpont.	Elle apparaît dans l'*Album du chasseur* de Tellier en 1848, sous le titre de *Belbécaise* ou *le Départ de Paimpont*. Elle avait été adoptée par l'équipage de M. Donatien Lévêque. Sa beauté l'a rendue très populaire.
21. Le Dix cors ou la Royale.	Elle remonte au mois d'août 1723, et sonna le début de la renommée du marquis de Dampierre. L'air primi-

tif fut modifié par Thiberge et Bertin vers 1848.

22. La Première Tête ou le Daguet.

Dampierre (1725) fit cette fanfare à l'occasion du mariage de Louis XV, et l'appela d'abord *la Reine*.

23. La Seconde Tête ou la Discrète.

Dampierre, 1727-1728.

24. La Troisième Tête ou la Dauphine.

Dampierre (1729) l'a sonnée pour la première fois à l'occasion de la naissance du Dauphin, d'où son nom.

25. La Quatrième Tête ou Fanfare du Roi.

Composée par Louis XV à Fontainebleau, en 1724, on l'appela tout d'abord *la Louyse royale*.

26. Le Dix cors Jeunement.

Baptiste Varet, piqueur de la Vénerie du prince de Condé vers 1820, passe pour en être l'auteur.

27. Le Sanglier ou la Petite Royale.

C'est *la Petite Royale* de Dampierre qui devint *la Harcourt* dans Gaffet (1742), puis enfin *la Fanfare du Sanglier* dans Champgrand (1773).

28. Le Chevreuil.

Dampierre l'avait baptisée *Champcenetz* du nom d'un veneur de ses amis. Son nouveau nom ne date guère que de 1835.

29. Le Chevreuil de Bourgogne.

C'est l'ancienne fanfare d'Orléans. Elle se sonnait peu après 1804. On la trouve sous son nom actuel dans la méthode de Leroux (1835).

30. Le Loup.

C'est *la Folie* de Gaffet (1742).

31. Le Louvart.

Appelée d'abord *le Louveteau* par Tellier, son créateur (1848).

32. Le Lièvre.

Dénommée *la Mort* dans le *Manuel du Veneur* vers 1835 et baptisée *le Lièvre* par Leroux (1835).

II. 24 FANFARES DE COMPLÉMENT

NON OBLIGATOIRES

POUVANT SERVIR AU CHOIX

TITRES DES FANFARES	AUTEURS ET DATES
33. La Calèche des Dames.	C'est la transformation (Manuel C. F. V., vers 1835) d'une ancienne chanson de table qui parut en 1749 dans un recueil intitulé : *Les mille et une bagatelles.*
34. La Biche.	Normand, 1874.
35. Appel fanfaré des Maîtres.	Normand, 1874.
36. La Réponse à l'appel fanfaré.	Normand, 1874.
37. Le Bonsoir des chasseurs.	Leroux, 1835.
38. L'Adieu des piqueurs.	Leroux, 1835.
39. Le Change.	Normand, 1874.
40. La Culbute en forêt.	Anonyme. (Vieille fanfare.)
41. La Curée ou Hallali d'Orléans.	Leroux, vers 1835.
42. Le Daim.	Dampierre, 1738.
43. Le Mulet ou La Fontainebleau.	Elle s'est appelée tout d'abord *la Fontainebleau* (Gaffet, *Nouveau Traité*, 1742, p. 9), puis le *Départ* ou *l'Arrivée au Rendez-vous*, ensuite *la Darboulin* ou *le Déjeuner.* Aujourd'hui on l'appelle *le Mulet*, parce qu'elle se sonne pour le cerf mulé qui a des mules ou du refait, lorsqu'on ne lui donne pas son premier nom.
44. Le Grand Sanglier.	Léon Bertrand, 1855.
45. La Louve.	Marquis de Courtivron, vers 1900.
46. Le Nouveau Départ.	Auteur inconnu, vers 1860.

Titres des fanfares	Auteurs et dates
47. Le Passage du Ch. de fer.	Ch. de la Porte, 1898.
48. Retour des Princes ou la Rentrée au château.	C'est *la Dacquevilly* du manuel C. F. V. (1835).
49. La Reine des Landes.	Justin Bergerot, 1866.
50. Le Relancé et le Bien Allé.	A paru sous le nom de *Relancé* dans Gaffet, p. 3 (1742).
51. Le Renard.	Jourdain, *Traité des chasses* (1822).
52. La Retraite de grâce ou le Bien Chassé.	Anonyme, vers 1846.
53. La Retraite manquée.	Gaffet (1742).
54. Le Réveil.	Leroux, 1835.
55. La Sortie du chenil.	Leroux, 1835.
56. La Tête bizarde.	C'est *l'Azur* du marquis de Dampierre. Nous savons par *les Dons des Enfants de Latone* (1734) qu'elle fut composée à Meudon dans le cabinet du Roy. C'est à Thiberge (vers 1848) qu'elle *doit son nouveau nom*.

III. 69 FANFARES DE MAITRES ET D'ÉQUIPAGES

FANFARES DIVERSES

57. L'Abbaye des Vaux-de-Cernay.	A. Passevant.
58. Adieu à l'Écho.	G. Bellissent.
59. La Des Airelles.	Ch. Boursier de La Roche.
60. La Bausset.	A. Rossignon.
61. Les Beaux Monts.	Ch. de Quitonne.
62. La Bec-de-Lièvre.	Auteur inconnu.
63. La Bellissent.	Bétron.
64. La Jean Bertholon.	Joseph Levître.
65. La Jean Hoffmann.	Ch. Pont.
66. La Bonneville.	Ch. Boursier de la Roche.

Titres des fanfares	Auteurs et dates
67. La Bois-Rosé.	A. Limousin.
68. La Camparrouy ou la Grandin de l'Eprevier.	Auteur inconnu.
69. La Boursier de La Roche.	Ch. Boursier de La Roche.
70. La Maurice Chabrol.	Ch. Pont.
71. La Cavalier.	Jean Miquel.
72. La Colmaire.	A. Krier.
73. La Cheverny.	H. et J. Bigot.
74. La Chateauvert.	Auteur inconnu.
75. La Courtemanche.	Limousin.
76. La Daulne.	J. Cantin.
77. La Dezamy.	Declair.
78. Les Échos de Saint-Georges.	G. Rochard.
79. Les Échos de Donville.	Dagran.
80. Les Échos de Fontaine.	Colmaire.
81. Échos des Pyrénées.	V. Cavalier.
82. Les Échos du Bourbonnais.	Ch. Pont.
83. Les Échos du Luxembourg.	E. Grière.
84. Les Échos du Poitou.	Ch. Pont.
85. Échos du Château de la Muette.	A. Passevant.
86. Les Échos de Levéville.	A. Passevant.
87. La d'Eschevannes.	Ch. Boursier de la Roche.
88. Fanfare de M. Quiclet.	Auteur inconnu.
89. Fanfare des Gouttes.	L. Clayeux.
90. La Flûry ou Rallye Beuvron.	Auteur inconnu.
91. La Fanfare des Amis.	E. Cancaux.
92. La Forêt Divonne.	Dubois-Buan.
93. Gloria-Canis.	Ch. Pont.
94. La Émile Gailliout.	E. Cancaux.
95. Le Rendez-vous de Vialette.	Ch. Boursier de la Roche.
96. Hardi mes beaux.	Ch. Boursier de la Roche.

Fin de la première partie

FANFARES CLASSIQUES

I. CIRCONSTANCES

FANFARES CLASSIQUES

I. CIRCONSTANCES

1. La Dampierre

2. Le Point du Jour

Vers 1765

Almanach du chasseur Champgrand

Chasseurs francs lurons
Dépêchons, le cor nous appelle;
Avec zèle
En avant marchons.
Au loin fuit
La sombre nuit,
Le jour paraît,
Partons en forêt.
Point ne tardons,
Allons partons,
Remplis d'ardeur,
Marchons d'âme et de cœur.

3. Le Lancé

Anciennement *La Sultane*

Traité de Vénerie
de Gaffet de La Briffardière

1742

Chasseurs nous lançons en ce jour,
Le cerf et le chevreuil tour à tour,
La meute bruyante
Est ardente;
De ce plaisir
Hâtons-nous de jouir.

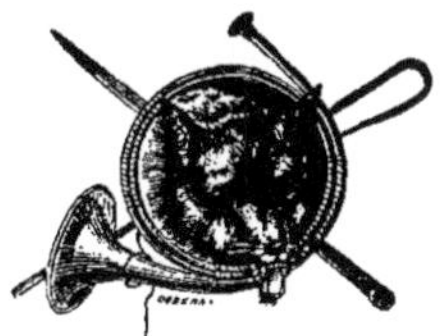

4. Le Débuché

1723

Mis de Dampierre

Nous avons débuché la bête,
Elle fuit devant nous,
La voyez-vous?
Rien ne l'arrête
Et notre cor
Augmente encor.
Avec regret
Loin de la forêt
La peur hélas!
Précipite ses pas.

5. Le Vol-ce-l'est

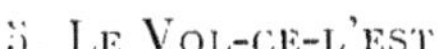

1723

Sonnez le vol-ce-l'est,
La bête est près.
Elle a passé par ici;
Les chiens sont après,
Car voici son pied tout frais
Dans la forêt.

AUTRES PAROLES

Sonnez piqueurs et valets,
Le vol-ce-l'est;
Car j'ai vu son pied tout frais
Dans la forêt.
Allons, piqueurs et valets,
Le vol-ce-l'est!

Jouez des jarrets,
Piqueurs et valets,
Notre Daguet
Change de forêt.
Soyez aux aguets,
Ah! que de regrets
S'il nous échappait,
Ce muguet.
Ce soir chez Babet
Son tendre filet
Trempé de clairet
Fera bon effet.

7. Le Bat-l'eau

1723

Mis de Dampierre

La bête a chaud,
Elle prend l'eau ;
Comme Ténor,
Sonnante et Brifaut
Elle bat l'eau.
Mais sur sa quête
Et sans bateau
La suit Baliveau.

Taiaut ! Taiaut !
Sa belle tête
Sous le couteau
Tombera bientôt.
Elle est à l'eau,
La pauvre bête,
Elle est à l'eau :
C'est là son tombeau.

Mais elle fait la demoiselle,
Voyez donc comme elle chancelle.
Veneur, prépare ton couteau,
La chasse finira bientôt.

Nous avons vu la bête,
Vite sonnons, sonnons
Fanfarons !
Pour cette noble fête,
Chasseur laisse toujours,
Toujours,
Les amours.
Plus d'incertaine quête,
Plus de trompeurs détours.

10. L'Hallali

1723

Mis de Dampierre

Chiens et chevaux se réjouissent,
La bête aux abois va tomber,
Les cors à l'envi retentissent
Et le limier
Va redonner du gosier.

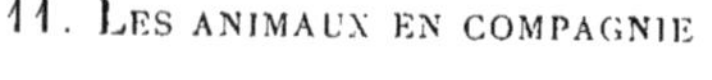

Vers 1820

Manuel C. F. V.

La bête en compagnie
Est trahie,
Elle fuit vers les guérets;
Chasseurs sortons de la forêt,
Nos chiens vont la surprendre,
Miraut ne saurait s'y méprendre,
Quand les bêtes vont deux à deux
La chasse n'en va que mieux.

12. Les honneurs du pied

1842
Tellier et d'Estival

Que le pied soit offert au vainqueur !
Sonnez veneurs,
Sonnez les honneurs !
Du triomphe goûtons les douceurs.

Vaillants **chasseurs**,
Joyeux buveurs,
De la cantine
La plus voisine
Tirez le vin.

Versez tout plein !
Bordeaux, Champagne,
Bourgogne, Espagne
Au son du cor,
Coulez à plein bord.

BIBLIOTHÈQUE NATIONALE — ESTAMPES

13. LA RETRAITE PRISE

1705-1723   *Philidor, modifiée par Dampierre*

Pour la retraite
Que tout s'apprête,
Il faut partir.
Nouvelle fête,
Autre conquête
A nous vont s'offrir.
Sonnez fanfares,
Qu'on se prépare
Chantant le plaisir.
Pour la retraite
Que tout s'apprête,
Il faut partir.

14. Le Retour de la chasse

Ancienne *Rambouillet*

1723

Mis *de Dampierre*

Au retour de la chasse,
Le repos a plus de douceur,
A table tout s'efface,
Le vin ranime le chasseur.

15. La Saint-Hubert

1723

Mis de Dampierre

Courant les bois, aussi les demoiselles,
Hubert était sous les lois du démon;
Mais un beau jour sur les fautes charnelles
Un cerf lui fit un effrayant sermon;
Devenu saint, il négligea les belles,
Mais il vécut en chasseur de renom.
A son exemple, amis soyez fidèles,
Courez le cerf et non le cotillon.

16. La marche de Vénerie

1840

Méthode Thiberge

En avant
Chiens et chevaux;
Fuyons les sentiers,
Les routes tracées
Et levons dans nos percées,
Par monts et par vaux
Des gîtes nouveaux
Dans ce hallier,
Sa retraite
Si discrète.
Que tout gibier
Devienne notre prisonnier.

Sous le noir coteau
Brille du château
Dans l'âtre au vaste manteau,
La flamme où le soir
Chacun vient s'asseoir;
O grande forêt, bonsoir.

Paul Harel.

Laribeau l'a fort bien chassé;
Lassé.
Le renard est ici terré.
Sonnons à pleine trompe,
Requêtons nos chiens bien vivement
Que point on ne se trompe.

19. LA RENTRÉE AU CHENIL

1835

Leroux

Au chenil mes bons toutous
Revenez, revenez tous ;
La chasse était belle,
Votre voix fidèle,
A mis dans les bois
Le cerf aux abois.
Rentrez donc, rentrez chez vous ;
A demain mes bons toutous.

20. Les Adieux de la forêt de Paimpont

Anciennement *La Bolbécaise*

1840

Méthode Tellier

Adieu bocage,
Belle forêt.
Heureux séjour,
Où sans nuage
Règnent la joie et l'amour.
Je vais loin du village
Couler de tristes jours,
Car de son frais ombrage
Me souviendrai toujours.

FANFARES CLASSIQUES

II. ANIMAUX

FANFARES CLASSIQUES

II. ANIMAUX

21. Le Dix-cors ou La Royale

1723

Mis de Dampierre

La trompe au loin résonne,
C'est un dix-cors, ma foi,
Qui montre au loin ses bois.
La beauté le couronne;
Ami, c'est un gibier de roi.
Du cheval le pied sonne
Et l'écho sous les bois.
Le cerf fuit plein d'effroi
Et dans l'air qui frissonne,
Un peu d'effort, chasseur, il est à toi.

22. La première tête ou le Daguet

Anciennement La Reine

1725 Mis de Dampierre

Sa dague est à peine formée,
Le col tendu, l'oreille au guet,
Dans les bois, sous la ramée,
D'un pied léger fuit le daguet.

23. La deuxième tête ou la Discrète

1727-1728 Mis de Dampierre

Jeune cerf deuxième tête,
Enfin porte l'andouiller,
Mais à la chasse qui s'apprête
Il pourrait s'en laisser dépouiller.

24. LA TROISIÈME TÊTE OU LA DAUPHINE

1729

Mis de Dampierre

Chasseurs pour cette fois
C'est un trois-tête
Dont nous avons fait choix,
Lacrampe a levé les fumées,
Un bien aller sur ses brisées,
Avant qu'elle ait quitté le bois
Nous mettrons la bête aux abois.

25. La quatrième tête ou la Fanfare du Roi

1724

Le roi Louis XV

De la meute n'entends-tu pas la voix?
Beau quatre tête garde à toi!
Hors de l'enceinte,
Malgré ta feinte,
Il faut partir,
Déguerpir,
Ou sinon, sans honneur
Ta sotte peur
Hâtera ton malheur.

26. Le Dix-cors jeunement

1820

Baptiste Varet

C'est un dix-cors jeunement,
Qui débuche à l'instant;
Ne laissons échapper ma foi,
Ce beau morceau digne d'un roi.

27. Le Sanglier

Anciennement *La Petite Royale*

1724

Mis de Dampierre

Ferme au lancé,
Grand Sanglier ;
Arrêt de mort est signé.
Tu cherches en vain le forlongé,
Courant grand train,
Par monts et guérets
Ta fin hélas ! va approcher,
Le vaultrait va te coiffer.

28. LE CHEVREUIL

Anciennement *La Champcenetz*

1723

Mis de Dampierre

Voici le chevreuil qui s'élance,
Sa chevrette en bêlant le suit,
Sur leurs traces le jeune faon s'avance :
Afin qu'il fuie,
Chasseur fait grand bruit.
Piqueur, faut épargner la mère
Et sauver son pauvre petit.

29. Le Chevreuil de Bourgogne

Anciennement *Fanfare d'Orléans*

Vers 1804-1835   *Méthode de Leroux*

Buvons au chevreuil de Bourgogne,
Son pays est celui du bon vin,
Mais au diable la Sologne,
Où ne pousse que le Sapin.

30. Le Loup

Anciennement *La Folie*

1742   *Gaffet de La Briffardière*

34. Le Louvart
1848
Méthode Tellier
FIN
D.C.
32. Le Lièvre
Anciennement La Mort
1830
Manuel C. F. V.
FIN
D.C.

FANFARES DE COMPLÉMENT

III. CIRCONSTANCES ET ANIMAUX

FANFARES DE COMPLÉMENT

III. CIRCONSTANCES ET ANIMAUX

33. La Calèche des Dames

34. LA BICHE
1874
Méthode Normand
FIN
D.C.
35. L'APPEL FANFARÉ DES MAÎTRES
1874
Par Normand

Nous avons fait notre devoir,
Gardons l'espoir,
De nous revoir.
A demain,
Bonsoir!

Adieu Fanfare
La nuit nous sépare,
Mais à demain
La trompe en main,
Chez son hôtesse
Le vieux Lajeunesse
Paiera le vin
Blanc du matin.

39. Le Change

40. La Culbute en forêt

41. La Curée ou L'Hallali d'Orléans

1835   *Méthode Leroux*

Le cerf a vécu !
Nous l'avons vaincu ;
Mais je suis fourbu
D'avoir tant couru.
Sur l'herbe étendu,
Le ventre fendu
Qu'un bâton fourchu
Tire son forhu.
De leurs cris aigus
Nos chiens éperdus
Saluent le menu
Qu'ils ont obtenu !

42. Le Daim

1738 *Dampierre*

Daim qui cours à perdre haleine
Du bois paisible habitant
Je te plains, mais de ta peine
Le sort de la chasse dépend.

43. La Fontainebleau

1724 *Dampierre*

Au galop tout veneur qui se pique,
D'être à l'Hallali le premier!
C'est une vision magnifique,
Au galop sans se faire prier!

46. Le Nouveau Départ

Vers 1860 — *Anonyme*

47. Le Passage du chemin de fer

1898 — *Ch. de La Porte*

La bête le chemin de fer a passé
J'en suis assuré

Ah ! piqueur, grand train,
Accours vite et viens.
Attention, veille bien
Sur les chiens.
Car le train qu'on vient de signaler,
Peut les écraser.

48. Le Retour des Princes ou la Rentrée au Château

Vers 1835   *Ancienne Dacquevilly*

A cheval, à cheval
Du Retour
Le Déclin du jour
A donné le signal.
Les Princes rentrent au château
Pour nous, demain, rendez-vous nouveau.

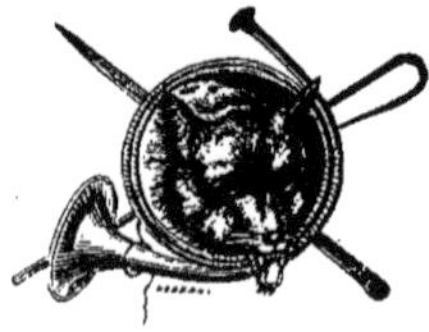

49. LA REINE DES LANDES
J. Bergerot
Vers 1866
FIN
D.C.
50. RELANCÉ ET BIENALLÉ
Anciennement La Surirai
Vers 1742
Gaffet de la Briffardière
bien allé
FIN

51. Le Renard

1822   *Jourdain. Traité des chasses*

Rusé Renard, grâce à Miraut,
Un bon manteau
Ferai de ta peau.

52. La Retraite de Grace ou le Bien chassé

Vers 1840   *Anonyme*

Vaillants amis, cessons la chasse
Notre ennemi s'est bien défendu
Jusqu'à demain faisons An-grâce
Notre temps ne sera pas perdu.

53. La Retraite manquée

1742

Gaffet de La Briffardière

Rentrons le museau piteux,
Le ventre creux comme une citrouille.
N'ayant fait que buisson creux
Il nous faut revenir bredouille.
Rentrons le museau piteux,
Demain filons autre quenouille!

54. Le Réveil des Chasseurs

Vers 1835   *Méthode Leroux*

Voici le réveil
Chassez le sommeil
Au son du cor
Peut-on dormir encor !
La voix de Phanor,
Les cris de Médor,
Saluent le Soleil
Le Visage vermeil.
Holà ! debout !
Vite debout !
Vite debout !
Levons nous,
Levons nous !

55. La Sortie du Chenil

1835

Méthode Leroux

Sortez du Chenil
Mes vaillants limiers;
Il faut aujourd'hui
Battre les halliers.
Aux relais d'attaque, les meilleurs gosiers;
Les relais volants viendront les derniers.
Que du cerf en fuite, mes vaillants limiers.
Vos museaux béants touchent les daintiers.

56. La Tête bizarde

Anciennement *l'Azur*

1735

Mis de Dampierre

Ah combien elle est laide à voir
Tête bizarde et un faible corps !
Ce matin il fait bon revoir,
Hardis chasseurs.
Cherchons un dix-cors.
Ne laissons point tromper notre ardeur,
Notre veneur
Est un fin connaisseur.

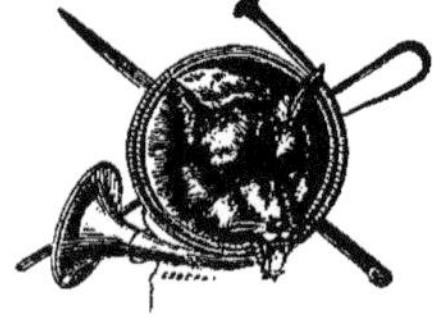

FANFARES PARTICULIÈRES

IV. MAITRES ET ÉQUIPAGES

FANFARES PARTICULIÈRES

IV. MAITRES ET ÉQUIPAGES

57. L'Abbaye des Vaux-de-Cernay

A. Passevant

58. Adieu a l'Écho

G. *Bellissent*

59. La Des Airelles

A Jean des Airelles

Ch. Boursier de la Roche

60. La Bausset

Au marquis de Beausset-Roquefort

A. Rossignon

61. LES BEAUX-MONTS
A. M. Bellissent
Ch. de Quittonne
D.C.
62. LA BEC-DE-LIÈVRE
Rallye Luardaye
Anonyme
FIN
D.C.

63. La Bellissent

A G. Bellissent   Bétron

64. LA JEAN BERTHOLON
A M. Jean Bertholon
J. Levitre
Moderato
FIN Louré — Carillon
D.C

65. La Jean Hoffmann

A Jean Hoffmann   *Ch. Pont*

66. La Bonneville

A Jules Bonneville   *Ch. Boursier de la Roche*

67. La Bois Rosé

68. La Camparrouy ou la Grandin de l'Eprevier

69. LA BOURSIER DE LA ROCHE
Ch. Boursier de la Roche
FIN
D.C.
70. LA CHABROL
Ch. Pont
FIN
D.C.

74. La Cavalier

A M. V. Cavalier

Jean Miquèl

72. LA COLMAIRE
A. Krier
FIN
D.C.
73. LA CHEVERNY
Équipage du comte R. de Vibraye
H. et J. Bigot
FIN
f
D.C.

74. La Chateauvert

75. La Courtemanche

76. La Daulne
Cantin
D.C.

77. La Dézamy

Declair

78. Les Échos de S. Georges

A. G. Stradère

G. Rochard

79. LES ÉCHOS DE DONVILLE
Dagran
80. LES ÉCHOS DE FONTAINE
A M. Ducauroy
Colmaire
FIN
D.C.

84. Échos des Pyrénées

V. Cavalier

82. Les Échos du Bourbonnais
A M. Riant
Ch. Pont
FIN
D.C
83. Les Échos du Luxembourg
A A. Krier
E. Grierre
D.C

84. LES ÉCHOS DU POITOU

85. LES ÉCHOS DU CHATEAU DE LA MUETTE
A. Passevant
86. LES ÉCHOS DE LEVÉVILLE
A M. Delanone
A. Passevant

87. La d'Eschavannes

88. Fanfare de M Quiclet

89. Fanfare des Gouttes
A M. R. Clayeux
L. Clayeux
90. La Flury
A M. Flury
Rallye Beuvron
FIN
D.C.

94. Fanfare des Amis

A M. Libert   *E. Caneaux*

92. La Forêt Divonne

Au comte de la Forêt-Divonne   *A. Dubois-Buan*

93. Gloria Canis

A M. Marcel Bert   *Ch. Pont*

94. La ÉMILE GAILLIOUT

A M. E. Gaillout

E. Canaux

95. Le Rendez-vous de Vialette
A son frère
Ch. Boursier de la Roche
FIN
D.C.
96. Hardi mes beaux
A J. Thiébaud
Ch. Boursier de la Roche
FIN
D.C.

97. La Harquevaux

L. Bos

98. LA LANGLOIS DU PONT DE L'ARCHE
Anonyme
FIN
D.C.
99. SOUVENIR DE LANVAUX
G. Pobéguin
1.
2
FIN
D.C.

100. La Manetti

101. La Paul Jamin

102. La Martimprey

103. La Némorosa
A M. J. Destouronne
M. Ozeré
FIN
D.C.
104. La Nicaise
Rallye Valliens
Par le piqueux Daguet
FIN
D.C.

105. La Nicolas

106. La Pichard du Page

Blanpin de Saint-Mars

107. La Pontavice Carhaix

Anonyme

108. La Pottier
Anonyme
1.
2.
FIN
1.
2.
1.
2.
D.C.
109. Rallye-Jeunesse
A M. Émile Navers
G. Lesturgeon
1.
2.
FIN
1.
2.
D.C.

140. La Pont de l'Arche

A G. Morice

G. Bétron

111. Rallye-Bercé

112. Rallye-Ardennes

Comte Alb. Van der Burch

113. Rallye-Bonnelles

1878

A. Jouannin

114. Souvenir de Bagnoles

A M. P. Joisson

Ambolet

115. RALLYE-BOURBONNAIS

Cléret

146. RALLYE-CHESNE
Équipage du prince Grég. Sturdza
M. Gaidelin
FIN
D.C.

117. RALLYE-NORMAND

Au prince Mich. Sturdza   *Couriou*

148. RALLYE LA FORÊT
A M. P. Teste
Anonyme
FIN
D.C.
149. LE RENDEZ-VOUS DE LA ROCHE
Au comte G. de la Barre
Ch. de la Poter
FIN
D.C.

120. Rallye-Pindères

A M. de la Caze

Comte A. de Menou

121. Rendez-vous de la Croix de Tigeaux

A M. Ch. Héricourt

P. Andreux

122. LA ALBERT RENARD
A M. A. Renard
Ch. Boursier de la Roche
FIN
D.C.
123. LA DU ROZIER
A M. Philippe du Rozier
Un groupe de veneurs
FIN
D.C.

BIBLIOTHÈQUE NATIONALE
R.F.
IMPRIMÉS

TABLE DES FANFARES

PAR ORDRE ALPHABÉTIQUE

TABLE DES MATIÈRES

FIN.

Le 28 février 1930
Daupeley-Gouverneur a achevé
d'imprimer a Nogent-le-Rotrou
Les plus belles Fanfares de chasse
a mille cinquante
exemplaires numérotés
dont cinquante sur vélin Lafuma
numérotés de 1 a 50
et mille sur alfa satiné
numérotés de 51 a 1050

www.ingramcontent.com/pod-product-compliance
Ingram Content Group UK Ltd.
Pitfield, Milton Keynes, MK11 3LW, UK
UKHW021905070726
13613UKWH00001B/344

9 782329 041339